歴史に学ぶ
変革期の経営行動学

童門冬二　著

Coremo
コレモ
生産性の本

はじめに　歴史に学ぶ経営の原則

勝海舟が、松尾芭蕉についてこんなことを言っている。

「かつて、芭蕉についてよい解釈を与えてくれた男がいる。おれは、平素から、芭蕉という人はどうしても、尋常のものでない。その余徳が深く、人間《じんかん》に入っていることは、ただ発句の高妙なる故のみではあるまい。きっと他になにかそのわけがあるだろうと思っていたところが、この男の言うには、いわゆる近江商人なるものは、じつに芭蕉の教導訓示によりてできたものだそうな。このことを聞いておれは、積年の疑いがここにはじめて氷解して、多いに気が晴ればれとした」

海舟は、このことをさらに、

「近江の人、某がこう言った。近江の豪商、その交易売買法のごとき、昔、芭蕉の指示する区画を遵守して、今に変ぜず、近年近江の商人の商法をもって、ほとんど英国商人の法ありというに至る」

と言っている。つまり、海舟は近江商人のルーツは、芭蕉にあるというのだ。この解釈が当たっているのかいないのか、かなり問題があるところだが、見方としてはおもしろい。

というのは、芭蕉の行動は、近江商人が得意とした行商の商法に照らして考えれば、まず、何と言っても、

「諸国を旅して回る」

という点でまったく一致しているからである。芭蕉は、確かに俗を離れて自然を愛した。そして、ことに日本に残っている歌枕を尋ねて、自分の俳句の中にとり込んだ。東北を旅した『奥の細道』は、その典型的なものである。東北に残っている歌枕を一つひとつ尋ね歩いて、実地にそこの山川を見て俳句をつくった。が、この道程で彼が宿泊した家々を調べてみると、かなり商人の家が多い。それも大きな商人である。確かに、この商人群が東北の句会を形成していたことは事実である。しかし、何も商人群は俳句づくりで二十四時間を送っていたわけではない。彼らには本業があった。余技として俳句をつくっていたのだ。つまり、本業の助長剤として、自身の人格陶冶《じんかくとうや》ないしは向上のために句作に励んでいた。

勝海舟の言葉に触発されての想像だが、

「句会では、単に俳句の話だけしていたのだろうか？　他に何の話も出なかったのだろうか？」

という疑問が起こる。というのは、海舟が、

「芭蕉を近江商人の祖とし、芭蕉が指示した通りに、今もそれを守っている。その方法は、ほと

んどイギリス商人の商法に似ている」

と言っているからだ。

この言葉からすれば、近江商人群が、芭蕉から学んだのは、単に旅の方法だけではなかったはずである。というのは、近江商人群の進出した地域が、特に関東から東北、さらに北海道にまでおよんでいるからだ。その子孫が、今もそれぞれの地域で、どっかと根を据えて活躍していることはよく知られている。このことから考えると、近江商人群が行商を展開する上で、芭蕉から学んだのは単に旅行の方法だけではない。旅の心得だけではなかったはずである。はっきり言えば、

「近江商人たちは、芭蕉によって、地域のニーズ(需要)把握の方法を学んだ」

と言える。いや、もっとはっきり言えば、

「芭蕉が生きていた頃の近江商人群は、芭蕉によって、関東から東北あるいは北越各地域におけるニーズそのものを教えられた」

と言ってもいいだろう。近江商人群が、各地域のニーズを把握するために、飛脚を活用したことはよく知られている。それと同じように、俳句で諸国を歩き回った芭蕉からも、

「どこでどんなものが欲しがられていますか?」

ということを話題にしても、何の不思議もない。そして、句会がもたれた場所が、ほとんど大

きな商家であったこともあって、そこに集まる人々も多く商人であった。そのことから考えると、句会の後、雑談をしたり、あるいは酒を飲んだり飯を食い合ったりするとき、こういうニーズの話がでなかったとは言えない。

想像をたくましくすれば、商人たちが、句会という精神高揚の場においても、決して本業である商いのことを忘れなかったということである。だから、芭蕉は近江商人群にとって、

「歩くマーケティング機能」

だったのである。句をつくりながら、歌枕を尋ねながら、芭蕉は、緻密に各地域の人情を吸収した。それは、単に風流話だけでなく、もっと実生活に結びついた切実なものも汲みとった。それは、生活に必要なものが自給自足できているかいないか、必要な何かを求めていないのか、ということも含まれたはずである。芭蕉自身が意識しなくても、たとえば、

「あの土地では、こんなものが足りなくて困っていた」

「この地方では、こんなものが過剰生産でその販路に悩んでいた」

ということを聞けば、商人群の感覚はピッと緊張したに違いない。それこそ、彼らがつかもうとしてもなかなかつかめなかったニーズそのものである。芭蕉と直接商売の話をしなくても、近江商人群は、

「芭蕉先生から、今日は大変参考になることを伺った。俳句の勉強もしたが、それ以上に、芭蕉先生が話してくれた東北地方のニーズの話は、われわれの商売に大いに役立つ」

と語り合ったはずである。そういうことがあったからこそ、勝海舟の時代(江戸末期)に、近江商人の一人が、

「われわれのルーツは、松尾芭蕉だ。彼が開いた商法を依然としてわれわれは、守り抜いているにすぎない」

と言ったのである。

この本で書くことは、つまり芭蕉の奥の細道も、経済人の立場から見ればこういう解釈もできる、ということである。こういう視座(みかた)を、私たちがよく知っている歴史的事件にあてはめてみて、そういう角度からの理解をしてみたい。それが、現代の経営に何らかの役に立ちはしないか、ということである。

そして、冒頭に松尾芭蕉と近江商人をもってきたのは、近江商人の商法の核に

「経営者の原点」

があると思うからである。

経営者の原点と言っても、別にむずかしいことではなく、次の二つだ。

①従業員の生活を保障すること（働く者をまず食わせること）

②事業に公共性を持たせること（従業員を食わせるためには、仕事をしなければならない。しかし、どんな仕事をしてもいいということにはならない。その事業には、当然、社会の利益を考慮する、言わば公共性が要求される）。

経営者の責任は、この二つを整合し、うまく溶け合わせることだ。どちらか一方に偏してもいけないし、また、両方ともできない、というような経営者は経営者としての資格がない。この原則は、現代も同じで、同時に人間の歴史がはじまって以来の経営者の責務でもあった。

古代、大家族主義をとった家庭でも、一家の主人の責任は、まず、家族を食わせるために獣や魚を採ることであった。それが拡大されて、豪族になり、あるいは王という巨大権力に発展した後も、豪族の責務、あるいは王の責務は、何よりもしたがう者の生活を保障し、同時にそのための公共性ある事業を推進することであった。この経営の鉄則は今も変わってはいない。

近江商人の商業理念は「三方よし」だ。

「自分よし・相手よし（客も得をする）・世間よし（社会も豊かになる）」という目標であった。

この本で追求したいことは、この

「経営者の責務」

ということをあらためて向き合い、原点に戻って経営者の初心を考え直してみたいということである。例として、「日本の三大改革」と言われる大化改新・建武新政・明治維新などを「政治事件」と見るのではなく、むしろ「経済事件・経営改革」という視座から検証し直してみる。

その意味では、歴史に対してかなり独断的な、あるいはこじつけ的な見方をするかもしれないが、お許しいただきたい。

しかし、歴史というのは全方位に向けて、後世に書き残された記録であって、それをどの視座から見るかは後世の人間の自由である。ここでは、その歴史を前に書いた経営性に絞って見ることにしたい。まず、大化改新から入ろう。

目次

【第2章】なぜ、二年半で建武新政は消滅したのか

本文・カバーデザイン　サン印刷通信

第1章

大化改新はどんな事件か

豪族政治を中央集権に変えた

誰に経営権があるのか

大化改新は、経済闘争だった

大化改新とは、次のような事件である。

・大化改新以前の日本の政治は、言わば豪族政治であった。

・これにあきたらなく思っていた中大兄皇子《なかのおおえのおうじ》は、その頃の外国派、特に、中国大陸で政治やその政治を支える諸制度を学んだ新知識たちと連携をとりながら、日本の政治制度を、中国を参考にして改めようと企図した。

・新知識がもたらした中国の制度を日本にとり入れることを目的としてはいたが、実は、本当の目的は日本の特性を生かして天皇を中心とした中央集権体制を確立することにあった。

・その意味では、言い方を変えれば、当時、保たれていた各豪族の地方自治を否定して、中央に強力な集権政府をつくり上げようとしたのである。中大兄皇子は、その推進者であり、ヘルパーとして中臣鎌足《なかとみのかまたり》(後の藤原鎌足《ふじはらのかまたり》)が、脇にぴたっとついていた。

・中大兄皇子・中臣鎌足たちが企図した中央集権政府は、単に政治体制をそのように改めて天皇に政権を帰する、ということだけではない。むしろ日本各地方に、散っている富を天皇の許に集めようとした。

つまり、大化改新も、表面は政治闘争であったが、内実は、あくまでも経済闘争であった。そして、この場合の日本の富というのは、土地と人民である。土地を耕やして、そこから益を生む人民を天皇の許に集めよう、というのが中大兄皇子らの狙いであった。というのは、当時の天皇とそれを囲む貴族の権力はまだ弱く、王朝と言っても名ばかりで、実がともなっていなかったからである。名に実をともなわせようというのが、中大兄皇子たちの計画であった。

しかし、中大兄皇子たちが、これほどの計画を立てる前提というか、当時の状況は、一体どういうものだったのだろうか。つまり、中大兄皇子が、

「現在の王朝は名ばかりで、実がない」

という「実（富《とみ》）」は、一体誰が確保していたのだろうか？

中大兄皇子たちの目に映った実力者は、蘇我氏である。蘇我氏が目前に横たわる巨岩だとするなら、小さな岩が日本中の各地にごろごろところがっていた。これをどうにかしなければならないというのが、中大兄皇子たちの考えであった。しかし、日本中にごろごろする小さな岩を片づけるのにも、まず、巨岩である目前の蘇我氏を片づけることが先だ。そこで、中大兄皇子たちの標的は、蘇我氏に絞られた。具体的には、蘇我入鹿《そがいるか》とその父蝦夷《えみし》である。

考え出された「富を生む構造」

中大兄皇子たちが見た、蘇我氏を頂点とする地方豪族の「富を生む構造」は、次のようになっていた。

・同族の結束力が強い。
・人民を私のものとして支配している。
・しかも、同族並びに人民との人間関係は深く、その絆は固い。
・日本の土地の大部分は、こういう豪族によって支配され、そこから生産される富も、豪族たちの手に渡っていた。朝廷に納められるのは、その何分の一かにすぎない。
・蘇我氏をはじめ地方豪族の背景には、仏教への信仰があった。これが精神的な軸として、蘇我氏や地方豪族を大きく貫いていた。

仏教が日本で論議されたのは、欽明天皇《きんめいてんのう》の五三八年とする説がある。この年、百済《くだら》の王から釈迦の像とお経を送ってきた。このとき日本の王朝では、蘇我氏が、

「これを受け容れて、礼拝すべきである」

と主張したが、物部氏《もののべうじ》は、

「仏像を拝すれば、日本古来の神々が怒るに違いない」

と言って反対した。この論争はその後も長く続く。仏像礼拝論争が蘇我・物部両氏の勢力争いに発展して、一時は、物部氏が仏像を、

「疫病を流行らせる」

と言って、難波の海に投げ込んだこともあった。しかし、その後、天皇の相続人争いが起こって蘇我氏と物部氏が真っ二つに割れ、遂に武闘にまで発展した。このとき、仏教信者の聖徳太子は、蘇我氏の立場に立って闘った。

太子はこのとき、持国天《じこくてん》・増長天《ぞうじょうてん》・広目天《こうもくてん》・多聞天《たもんてん》の四天王に勝利を祈り、あらたかな霊験を得たというので、大坂に四天王寺《してんのうじ》を建てた。それが、今の四天王寺かどうかは確証がないそうだが、とにかく太子の支持によって一挙に蘇我氏の勢力が増した。

仏教は、こうして王朝貴族の間に流行りはじめ、蘇我氏は飛鳥寺をつくり、止利《とり》仏師に仏像を彫らせた。ほかに葛城氏の葛城寺《かつじょうじ》、秦氏の興隆寺《こうりゅうじ》、当麻氏の当麻寺《たいまでら》などが、続々と建てられた。中央だけでなく地方でも仏教の信仰は活発になった。それが、特に小豪族たちに信仰された。しかし、小豪族や民衆の仏教信仰は、中央の貴族の信仰とは違って、もっと実利をともなっていた。

たとえば、道昭という僧がいたが、この道昭は、『西遊記』で有名な三蔵法師に教えを受けている。帰国して日本人の尊敬を受けたが、彼は決して寺に籠《こも》ってはいなかった。諸国を行脚した。そして、行脚の途次、井戸を掘り、川に波し場をつくり、船をつくった。京都の宇治橋をはじめて架けたのも、この道昭だと言われている。

「形式主義」の中央、「実益主義」の地方

鑑真《がんじん》がそうであったように、この頃の仏僧はすべて民衆生活を向上させる技術に長《た》けていた。特に灌漑《かんがい》の法に長けていた。したがって、農耕を主とする当時の日本人には、この仏僧の教えは単に仏教を伝えるというだけでなく、生活技術の先進者として、深い尊敬の念をかち得ていた。もともと豪族にしても、仏典など読めるわけはないから、理論は後まわしである。信仰は、何よりも実生活に役立つものでなければならない。仏僧たちの活躍は、日本の土からの富を増す新技術をもたらした。

そこで民衆の代表者である豪族たちは、先を争って寺をつくり、あるいは仏像をつくった。いわゆる氏寺が盛んに建てられた。民衆たちも、金を出し合って、共同で仏像をつくったり、経文

を写して納めたりした。こういう集団を人々は、「知識」と呼んだ。

こうなってくると、中央での仏教の信心の方法と、地方での民衆の信心の仕方とはかなり異なる。中央は、どちらかと言えば、形式主義であり、地方は明らかに実益主義に基づいていた。生活の息吹があった。

中大兄皇子たちから見れば、これは非常に遺憾な現象であった。中央政権を必要としない地方自治が発達してしまうからである。

「この根を断たなければならない」

中大兄皇子たちは、そう決心した。しかし、どうすればその根を断てるのか？

中大兄皇子たちは、それを仏教の本国である中国に求めた。中国の諸制度をそのまま日本にも持ち込むことを考えたのである。

つまり、今の日本の制度をどう変えてみても、民衆に根ざした地方の仕組みや財政は壊せるものではない。せいぜい微修正ができるかどうかの程度だろう。思い切って、その根本を直すためには、日本の制度を根底から覆さなければならない。それには外国の制度を持ち込むのが一番てっとり早い。

この頃、日本から見て優れた政治制度を持っているのは、隣の中国である。中国はその頃、隋《ずい》という国が国家を建設していて、そろそろ唐《とう》という国が興りはじめていた。その辺のことは、隋と往来する日本人や、あるいは隋から渡ってくる中国人によって中大兄たちも知っていた。

そして、これは現在でも言えることだが、経営上における諸改革が起こるのは決してその企業だけとか、企業が存立している国だけで起こるわけではない。必ず外国との関係がある。それは、今のように地球上で情報が飛び交い、言わば地球を一つの場とした情報化社会が実現されていなくても、何らかのつながりによって、お互いに国と国とが影響し合うことは事実である。このときも同じであった。大化改新も、決して日本だけで起こった現象ではない。明らかに中国における隋から唐への移行、それに影響された朝鮮半島内の諸動乱が影響している。

同時に、企業の経営改革は企業の意思だけで起こるわけでもない。明らかに客側の意識の変化が作用する。ニーズが変わったのか。あるいは、企業の常識とお客の常識がズレたのか。あるいは、お客の価値観と企業の価値観が変わったのか。あるいは企業内部の従業員の仕事に対する考え方がトップ層と変わったのか。とにかく何らかの

「不協和音」

が聞こえてくるはずである。この不協和音に気がつかないで、

「おれのところには関係ない」

と思い込むことが、まず企業が衰退するきっかけになる。

だから、大化改新が起る前夜には、この不協和音が内外から聞こえていたということである。大化改新が中大兄皇子ほか、一部の計画者たちによって実現したのも、明らかに、時代の空気が彼らに味方したからである。ということは、王朝内部、あるいは外縁の諸国に、それを支持する気運があったからに他ならない。しかし、その気運は果して新しい政治を期待していたのか、それとも、その方が大きな益を得られる、という観点で支持していたのかそれは疑問である。むしろ、後者だろう。

経営改革は「破壊」より「建設」が必要

破壊とは旧組織人事を刷新し壊すこと

経営改革を実行するに当たって、もっとも重要なのは、ただ、過去を壊すことだけではない。破壊よりもむしろ建設が大事である。建設するには、建設計画が事前に立てられていなければな

らない。

よく先を急ぐ改革者は壊すことだけに夢中になって、壊した後にどういう構想を持ち、またその構想をどういう手段で実現するかを忘れがちだ。壊す段階で頭に血が上がって、興奮してしまうからである。

だから、破壊だけを目的にした改革は、必ず失敗している。破壊後の見通しと展開方法をもたずに猪突《ちょとつ》するからだ。壁に頭をぶつけてしまうのである。壁に頭をぶつけるのはいい。しかし、頭で壊した壁の向こうに一体何を建てようとしているのか、その見極めもつけないままに猪突するから、頭の方もそこで壊れてしまって、その段階で終ってしまう。

この点、中大兄たちは用意周到であった。彼らはまず、

「破壊の前に、破壊後の建設構想」

をきちんと持っていた。

もちろん、その構想は彼ら自身が経験から考え出したものではなくて、いや、経験から考え出したものかもしれないが、中国の諸制度をそっくりそのまま日本に移行するということであった。そして、このことはかなり前から緻密な相談をしていた。リーダーもいた。中国帰りの学者や僧であった。

特に中国帰りの学者南淵請安《みなぶちのしょうあん》である。中大兄たちはこの請安のところへ行って新知識を教わった。大事なのは、請安のところで習う学問だけではない。むしろ、往復の道で秘かな計画を練ることであった。

つまり、請安の家への道々で、彼らは密謀を煮つめていったのである。道で話しているのだから、よほど密着した尾行者でない限り、話の内容はわからない。もちろん昔のことで、ボイスレコーダーや盗聴装置がないにしても、壁に耳あり障子に目ありで屋内での密談は危険だ。そこで、都大路《みやこおおじ》を語り合いながら密謀を進めていった。次第に参加者が増えてきた。

さて、政権奪取後の構想を練り固めてしまえば、あとは誰もがやるような手順を組み立てればいい。つまり、

・旧制度の徹底的破壊
・制度改正ならびにその制度を運用する組織の改正
・論功行賞《ろんこうこうしょう》と罰
・新体制下における暫定人事の発表
・人事、粛清の実行と、新体制の完全掌握

である。

このパターンは、政治的、経済的のいずれを問わず、変革のときには必ず適用される。しかし、こういう新体制下における諸方策を展開するにしても、まず、

「旧体制の破壊」

が行われなければならない。旧体制の破壊とは、人事の刷新と旧組織の破壊である。

特に、旧体制を支えている核が人間なら、その人間を排除しなければならない。通常は、これを人事異動によって行うが、その異動がスムーズにいかない場合は、力をもって排除する。

中大兄たちは、旧体制の核である実力者、即ち、蘇我父子を排除する方法として、はじめから武力行使を考えていた。平和裏に蘇我氏が言うことを聞くはずがないと思っていた。また、憎しみも強かったから、

「排除は、殺人によって行う」

と決めていた。皇族にしては、かなり思い切った決意である。方法もドラスティックだ。

クーデターで幕開けした新時代

六四五年六月に朝鮮から使者がきた。この使者との謁見《えっけん》のセレモニーが六月十二日に行われる

ことになった。中大兄たちは、

「この日を決行の日にしよう」

と決めた。つまり、蘇我入鹿をこの日に殺してしまおうと決めたのだ。しかし、入鹿の方もそう簡単には殺されない。彼は必要以上に用心深かった。この頃の彼は自分の家を谷宮門《はざまのみかど》と呼び、父が住んでいる家を上宮門《うえのみかど》と称していた。息子や娘は皇子や皇女と言っていた。完全に天皇気どりだった。こういうことが、すべて中大兄たちの憎しみをかきたてた。

六月十二日、朝鮮使節を迎えた朝廷では賑やかにセレモニーが行われた。使節がもってきた文書は、蘇我氏の一族である倉山田石川麻呂が読み上げ、その間に一味の佐伯子麻呂《さえきのこまろ》が、蘇我入鹿に斬りつけるという手はずになっていた。が、石川麻呂は気が小さいので、読み上げているうちに声が震えてきた。入鹿が訝《いぶか》しんだ。

「なぜ、そんなに震えるのか？」

と聞いた。石川麻呂は、

「あまりにも大君（天皇）の御前に近いので」

と答えた。

その瞬間、白刃がひらめいて入鹿が斬られた。斬ったのは中大兄皇子である。子麻呂がためらっていたので、業を煮やした中大兄が自分から先に立って入鹿に斬りつけたのだ。それに勢いを得て子麻呂も入鹿に斬りかかった。入鹿はびっくりしてころげ回り、天皇の玉座近く這いずって行って、

「私に何の罪があるのでしょうか？　どうか正しいお調べをお願い致します」

と哀訴した。中大兄は天皇に向って、

「この男は、天位を傾けようとしている逆臣です」

と大声で叫んだ。その間に、子麻呂たちが入鹿を殺してしまった。このときの中大兄の行動ぶりは見事である。彼は入鹿を殺すと、そこでまごまごしていなかった。すぐ、

「法興寺に移って、蘇我氏との一戦に備える」

と叫んだ。多勢の皇族や氏族がこれにしたがった。

息子入鹿の死体を届けられた蘇我蝦夷は、なすところを知らなかった。反撃しようにも中大兄皇子に味方する氏族は多い。六月十三日、蝦夷は、自分の屋敷に火を放って、炎の中で自殺した。こうして、蘇我父子は滅びた。

最大のターゲットであった蘇我父子を殺してしまえば、その後は、改革の手順にしたがって、ことを進めるだけである。まず、暫定人事が行われた。このクーデターによって、ときの天皇で

ある皇極《こうぎょく》女帝は退位した。そこで、人事はまず、天皇の後任を決めることからはじまった。皇位に就いたのは軽皇子《かるのみこ》である。孝徳《こうとく》天皇となった。普通ならクーデターの主謀者である中大兄が皇位に就くところだろうが、彼はそうしなかった。そうするとクーデター側に不利であり、また世間の疑惑を増すと判断したからだ。その点、中大兄は慎重であった。彼は皇太子になった。そして新体制を固めたのは、

左大臣　阿倍内麻呂《あべのうちまろ》
右大臣　蘇我倉山田石川麻呂《そがのくらのやまだのいしかわのまろ》
内臣《うちつおみ》　中臣鎌足

他に高向玄理《たかむこのくろまろ》、僧旻《みん》の二人が国博士として登用された。ブレーンである。

暫定的な人事異動をすませると、天皇は群臣を集め、

「君に二政なく、臣に二朝ない」

ことを誓わせた。つまり、この国の君子としての天皇には二つの政治はなく、また、それに仕える臣にとって王朝は二つない、ということである。どちらも一つということは、日本が統一されるということだ。そして、臣は天皇以外に主君をもたない、ということを誓ったのである。これは明らかに、蘇我氏に代表されるような地方豪族を否定することであった。同時に天皇は、

「この国を、これから日本と称する」

と宣言した。日本という国号がこのとき、はじめて使われた。同時に元号を定めた。

「大化」

がそれである。

しかし、中大兄たちが構想した大化改新の本当の目的は、中央支配よりもむしろ地方支配である。地方を中央の権力圏内に入れることが本当の目的であった。

大化新政府は国々に対して、こういう詔を発した。
・昔の天皇らのたてたまえる子代《こしろ》の民、ところどころの屯倉《みやけ》および別に臣《おみ》・連《むらじ》、伴造《とものみやつこ》・国造《くにのみやつこ》・村首《むらのおびと》のもっていた部曲の民、ところどころの田荘を廃止する。
・はじめて京師を修め、畿内《きない》、国司、郡司、関塞《へいそく》、斥候《うかみ》、防人《さきもり》、駅馬《はいま》、伝馬《てんま》を置く。および、鈴《すず》契《しろし》をつくり、山河を定めよ。
・はじめて戸籍、計帳、班田収授《はんでんしゅうじゅ》の法をつくること。
・旧《もと》のみつぎのえだち(賦役)を廃止して、田の調を行う。
この詔でもっとも重要なのは、第一条である。ここでは昔の天皇らが立てた子代の民などを廃止すると言い切っている。ということは、地方豪族が所有していた民を、全部天皇の民、即ち、公民に切り替えるという宣言だ。つまり、地方豪族の民の所有を許さない、という宣言なのだ。民の所有を許さないというのは、土地に密着した生産者を、豪族から天皇の民として取りあげるということである。つまり、その頃の日本列島の生産拠点と、生産者をそっくり地方豪族からむしりとって、天皇の領有とするということだ。

地方に散在していた中小企業を全部廃止して、一大中央コンツェルンに統合するということであろう。そのためには、中小企業の意思を離れて、そこで働いている人間をいきなりすべて、本社社員とする、という宣言である。この宣言によって寝耳に水の中小企業の経営者は、はさみ打ちにあったことになる。言うならば、日本コンツェルンのトップが、自分の部下でもなかった諸国の中小企業の社員たちに、いきなり、

「今日から、日本株式会社 社員を命ずる」

という辞令を出したのと同じことだ。

かなり乱暴な方法だが、ここに中大兄以下の新体制員の自信と、また賭けがあった。ということは、こういう方策を、いきなりやみくもに出したのではなく、そういう気運が、地方豪族の中にもあったということを物語っている。中大兄のやり方は、常に慎重だ。

彼は、事前の調査をよく行い、目安を立てて確実な見通しのもとに、あらゆることを行ってい

る。根拠のない手は出していない。だから、これだけの思い切った手を打つのには、それなりに日本諸国に対する実態調査が行われていたと見るべきだろう。そして、事実行われていた。後の世で言う検地《けんち》、言うならば、生産拠点の実態調査を部分的にではあるが、すでに実行していたのである。そういう部分的調査の結果を見て、

「これならいける」

と思ったのに違いない。だから、実験的に行った部分的調査の結果を見て、今で言えば抽出法による世論調査を行って、その結果をもって全体におよぼしたということである。

柔軟な方策が地方制度には必須

「改革こそ正義」だけでは課題は解決しない

大化改新の目的は、いろいろ言われるが、つまるところ、

「当時の氏族制度を否定して、公地・公民制度を実現した」

ということだ。そのために、改新政府は氏族の支配下にあった日本人民に、いきなり

「大化新政府の民を命ずる」

という辞令を出した。つまり、頭越しに氏族という地方中小企業の社員であることを辞めさせてしまったのである。が、中小企業の社員たちに日本株式会社の社員を命ずる、という辞令を出しただけでは、もらった方も納得はしないし、また、第一、明日からの生活や仕事が、一体どういうふうになるのか、と心配だ。

そこで、新政府が行った地方制度の改革は、次のようなことである。

①土地と人民をすべて政府所有とし、国家の財産とする。
②この財産を、新しく国家の民となった人民に分かちあてがう(これを口分田《くぶんでん》という)。
③土地の分配は人民の良賤を問わずに行う。ただし、女子は男子の三分の二とする。
④土地からの収益を人民に許す。使用者が死んだときは、国に回収する。使用者からは税を徴収する(班田収授法《はんでんしゅうじゅほう》)。もちろん、中国大陸の方式をそのまま取り入れたのである。
⑤今までの収獲物への課税や、労働をとりやめる。その代わり田の面積に布などの雑税をかける。つまり、租・庸・調の制度を明らかにした。
⑥地方に郡県制度を敷く。京師《けいし》や畿内には特別区域を設ける。諸国に関塞、防人、駅馬、伝馬などを設ける。今までの臣・連・伴造・国造・村首などは廃止する。替わって、中央政府から国司を派遣する。ただし軍職については、今までの地方豪族であった国造の中から専任す

ることができる。
⑦今まで諸国で行われていた古いしきたりは、極力これを廃止する。たとえば、諸国特有の死者の葬儀方法もやめさせる。また、族長が死んだときに殉死《じゅんし》する風習があったが、これは禁止する。
⑧人民の良賤《りょうせん》間の婚姻によって生まれた子の所属について、新しい規定を設ける。良民以上は、中国式にし、父方で子供を育てる。
⑨行路病死者や水死人があると、今までは、お祓《はらい》をしてすませたが、そういう迷信を禁止する。まず助けて肉親のところに連絡せよ。同時に人から借りたものが壊れても、品物を返さないでお祓《はらい》をしてすますというような愚俗を禁止する。
⑩聖徳太子のとき、定められた役人の冠位十二階は、十三階に改める（しかし、まもなく十九階に改められた。これは十三階では、到底収まらないとみて修正を加えた）。
これらのことを、現代の経営的な立場から、見直してみよう。改新政府の方策はなかなか巧妙である。諸国の中小企業を全部統合して、一大日本株式会社をつくる手続きとしては、まさに至れり尽くせりである。それも制度というハード面と、人に対する手当、つまり、ソフトの両面にわたってきめ細かい方策がとられている。ハード・ソフト両面にわたる改革のネットワークが、

見事に張りめぐらされているのだ。

しかもこの改革の過程で、日本株式会社の首脳陣は、決して硬直化した考え方を持たなかった。いわゆる

「方策のローリング」

を果敢に行った。つまり、現地で反対があり、あるいは悪いと判断したことは、次々と改めていったことである。これは改革全体を柔らかい発想で行ったと言える。

そのことは郡司のポストを国造に与えたことからも窺《うかが》える。これは従来の中小企業の責任者たちを、そのまま新会社の役職者に登用したと言える。しかも、この役職には実利をともなわせた。というのは、従来の既得権を半ば認めたことである。既得権というのは、私有していた土地と人民の支配を認めたということだ。つまり、従来の富をある程度、温存させたのだ。加えてこれに新会社の位階を与え、名刺の肩書きにさせた。これは、地方豪族の気持ちを大いにくすぐったことだろう。

しかし、改新政府が地方豪族の既得権を半ば認めたこと、同時に新会社の肩書きを与えたということは、本来は相反する。が、この矛盾する二つのことが実現しえたことは、それまで地方豪族に支配されていた人民たち、つまり、社員たちの気持ちがどういうものであったかを物語って

いる。

つまり、地方豪族の支配下にあった人民たちは、理屈はわからないながらも、なんとなく従来の支配のされ方に抵抗を覚えていたのだろう。だから、現状不満や新しい期待（ニーズ）に応えるものが、たまたま差し伸ばされた改新政府の手の中にあったということかもしれない。

経営改革はいつでも同じで、単に経営者の思いつきや、あるいは、

「改革こそ正義である」

というような善悪観だけでは片がつかない。そういう底のない改革は必ず失敗する。やはり、改革される側の気分というものを、きちんと把握していなければ成功しない。その意味では、新政府の改革派たちは、当時としてはかなり正確に諸国の人民の気持ちを把握していたと言える。そういう打てば響くような反応がなければ、経営改革はできない。新政府がどんどんと大きく太鼓を叩けば、各地方の人民（あるいは家族の中にもいたかもしれない）が、どんどんと自分の鼓を打ち返す。つまり、大太鼓・小太鼓の共鳴があってはじめて経営改革は成功するのだ。

だから、新政府が改革に踏み切ったときには、かなりこの太鼓の音が聞こえていたとみていいだろう。だからこそ、中大兄も蘇我入鹿を殺すというような思い切った行為に出られたのである。

改革は継続しないと、すぐに堕落する

「公地・公民」の制度を実行するに当たっては、例外を認めるわけにはいかない。そこで中大兄たち改新派は、率先してそれまで自分たちがもっていた土地と人民を、天皇に返した。そして改めて天皇から土地と人民をもらう、という形式をとった。

明治維新のときに各大名が行った、「版籍奉還《はんせきほうかん》」は、この改新時の中大兄たちの行為にならっている。つまり、中大兄たちは明治維新の版籍奉還の先鞭《せんべん》をつけたのである。明治維新のときは、一旦奉還した版籍はもう一度、奉還者に、つまり、大名に与えられた。大名はそれぞれの地域の知事になった。が、やがて、大名よりもむしろ下級武士の知事が日本の各地にどんどん任命された。

これと同じことを中大兄たちは、改新時に行った。というのは、一応は既得権を認め、従来の支配方法も認めるような形で、新職制による郡司に従来の地方豪族を任命した。しかし、それはあくまでも経過措置であって、改新政府の本意ではない。新日本株式会社首脳陣としては、各地方に「支社」として置いた旧豪族の支配地は、すべて新会社のネットワークの中に収めなければ

ならない。ネットワークの中に収めて、思うように支配するのには、やはり息のかかった人間を支社長に任命しなければならない。

したがって、次に訪れるのは、当然そういう旧中小企業の社長であった人間たちの粛清であった。排除であり、追放である。新政府は、これを行った。郡司に任命した地方豪族のちょっとした落度をすえて、罷免《ひめん》し、代わりに中央から新しい支社長を任命した。地方の中小企業出身の支社長たちは、こうして、どんどん消されていった。考えようによっては、こういうことが言えるのではなかろうか。

つまり、新政府が察知した地方の空気は、

・地方豪族の贅沢《ぜいたく》な暮らしぶりへの反感

・それを批判し、抵抗する被支配者の世論

だった。ということは、すでに地方豪族がそれぞれの地域に存立する中小企業の責任者として、従業員に対する当事者能力を欠いていたということである。つまり、従業員を豊かに食わせるという責務を欠きはじめ、自分だけが豊かに生活するという風潮が昂《たか》まっていたのに違いない。こういう不満がなければ日本中の人民が、そう簡単に新日本株式会社の社員になるはずがない。改新政府はそのことを知っていた。

だから、次々と新日本株式会社の首脳部が支社長を更迭しても、それほど抵抗がなかったのは、ある面では、従来の支社長たちが社員たちから飽きられていた、と言える。だからこそ、これらの粛清人事が滑らかに進行したのだ。

こうして中大兄皇子・中臣鎌足らを核とする改新は実った。比較的短い時間で実現された。しかし、改革というのは、継続して続けないとすぐ堕落する。新政府も同じであった。中大兄は利口な人間だから、自分が天皇にならずに孝徳天皇を置いて、これを人形のように操りながら、自己の政策を実現していった。が、孝徳天皇は単なる人形ではなかった。かなり自己主張をした。そのために一旦移した難波の都にこの天皇を置き去りにしたまま、皇太子以下が再び奈良に朝廷を移す、という事件が起こった。本社の移転だ。

中大兄たちが難波に都を移したのは、明らかに国民の目を海外に向けさせようとした意図がある。具体的には朝鮮半島への侵略だ。その背後の唐国との交流がある。当時、日本は朝鮮半島で、植民地的経営を行っていた。百済がその対象であった。しかし、後年、よく知られているように、日本軍は白村江《はくすきのえ》で大敗し、朝鮮の植民地経営から手を引かざるをえなくなった。中大兄が後に天皇となって、天智と名乗り近江の国に都を移すのはこのためである。つまり、朝鮮や唐から攻め込まれたときに、安全な地帯に都を後退させたのである。支社の損害が大きくて、本社の社屋を山奥に移すのと似ている。

難波の都に置き捨てにされた天皇は、そこで恨みを呑んだまま死んだ。この頃は天皇の皇后（間人《はしひと》皇后）も、中大兄の弟大海人《おおあま》をはじめ、ほとんどの皇子や親戚が中大兄にしたがって、奈良に移っていた。

孝徳天皇は、まったくの孤独のうちに死んでいった。特に、皇后の間人《はしひと》は、兄である中大兄と通じていたとさえ言われる。もちろん、この頃は兄妹の通婚は別に不道徳とか非人間的であるとかの基準はないから、後世の我々が考えるようなものではない。

孝徳帝が死んだ後、中大兄はここでも自分が皇位に就かずに、母の皇極先帝をもう一度皇位に就けた。例のない重祚《じゅうそ》を行ったのである。都は飛鳥に定めた。

重祚《じゅうそ》した天皇を斉明《さいめい》天皇と言った。ところがこの女帝は大の工事好きで、しきりに土木工事をはじめた。都を造営するほか、大きな寺を建て、また大規模な運河を開いた。さらに吉野宮を改築した須弥山《しゅみせん》（仏教で世界の中心にあると言われている伝説の山）もつくった。

おびただしい費用と、おびただしい人夫が動員された。一度、新日本株式会社に組み込まれてその社員となり、これからは希望のもてる生活ができると喜んでいた人民は、たちまち塗炭《とたん》の苦しみに陥った。費用と労力をすべて負担しなければならなかったからである。

恨みの声が日本各地に満ちはじめた。都に徴用された人夫たちは、任が解けても家に帰ることができず、道端で飢え死にしていった。集められた用材も、工事人夫が不足するのでそのまま腐った。また、女帝のこういう工事を恨んだ誰かれが、しきりに工事現場に放火した。諸々で新しい建物が燃えた。

新会社がこういう失敗でぐらつきはじめると、たちまち反乱の芽が育つ。大化改新政府も同じであった。肝心な中央支配に、かなり亀裂が生じていた。というのは、新日本会社の中央で権力をふるうのは、中大兄以下限られた人間たちだったからである。

つまり、獲物の分け前は数人の人間たちによって行われ、この群れに入れてもらえなかった人々がたくさんいた。それも、皇族や貴族に多かった。不満分子は資格のある皇子を立ててしきりに皇位を狙いはじめた。自分たちを幸せにしないトップは、もうそれだけで統治者能力はないと見るのである。不満には不満の論理がある。これはそのときのトップが反乱者を、

「我儘《わがまま》だ」

「不平不満の徒だ」

と言い切れないものを持っている。というのは、そういう不平不満の徒が集まると、相乗効果を起こして社会を揺がしかねない一つのパワーになるからだ。このときも、そういうことが起こっ

た。中心になったのが、憤死した孝徳帝の遺児有間皇子《ありまのみこ》である。

「一兎を追いながら二兎を得る」計画

現トップに対する反乱は、現代でも多くの企業で起こっている。こういうとき、現トップがどういう態度をとるかは興味深い問題だが、このときの対応は積極的だった。積極的だったというのは、皇極女帝の諸々の土木事業で、国内に起った不平不満の声を、中大兄はマイナスの要因として、とらえなかった。むしろ、

「ここで、的確な手を打てば、その不平不満も逆にプラスに転換できるかもしれない」

と考えたのである。つまり、有間皇子の反乱を鎮圧することによって、日本国内で起こっている各地の不平不満も一挙に鎮圧できると思ったのだ。一兎を追いながら、二兎を得ようという計画であった鎮圧計画は、次のような意図で実行されることになった。

①鎮圧するには、理由がいる。理由はまず、反乱者が持っている論理を天下に公表することだ。

②その論理がどういうものであるのかわからないが、論理が明らかにされた段階で、反論を用意する。反乱をその反論によって、鎮圧する。

③反乱を鎮圧すれば、それだけ新政権の実力が強化される。

中大兄は頭のいい鋭い男だ。だから、皇極女帝の税の乱費を、必ずしも支持していなかった。当時の大土木工事と言っても、別に公共事業ではないから民に金は落ちない。すべて無料奉仕という形で行われる。もちろん、資材もタダで集められる。土木建設会社が儲かる、などということは全然ない。だから怨嗟《えんさ》の的になる。

中大兄は、

「反乱者が、帝の工事を弾劾すれば、それはそれで人民に対して説得力を持つ。そして自ら姿勢を正すという意味で、大いに意味があるのだ」

と思った。これは今で言う「内部改革」で、「まず自分の身を切る」ということだ。案の定、反乱者側は女帝の工事を攻撃目標にした。

「今の天皇の行っていることで、大きな誤ちが三つある。一つは大きな建物を建てて民の財産を集めていることだ。もう一つは長い運河を掘って、税を無駄遣いしていることだ。三つは、船で石を運び、これを積んで丘(須弥山のこと)をつくっていることだ」

と公表した。つまり、中大兄が狙った皇極女帝の贅沢な土木工事だけを、反乱者たちは攻撃の理由にしたのである。思うツボだった。

有間皇子に反乱をそそのかしたのは、蘇我赤兄《そがのあかえ》である。後に赤兄は、中大兄が皇位に就いた天智王朝で大臣に出世する。したがって、このときの有間皇子への接近は中大兄の意を含んで、故意に有間皇子に反乱を起こさせたという説が有力だ。

赤兄の唆《そそのか》しに有間皇子はのった。そして、

「今、初めて私が軍を起こすときがきた」

と言って、さらに密議を重ねた。しかし、ある夜突然、赤兄は、自分の部下を武装させて有間皇子の家を囲んだ。皇子を捕え、和歌山の牟婁《むろ》温泉にいた中大兄のところに護送した。中大兄は厳しく皇子を尋問した。このとき、皇子はこう答えた。

「このことを知っているのは、天と赤兄だけだ。私は全然、知らない」

皇子も、はじめて赤兄の術策にひっかかったと思ったのだろう。しかし、中大兄は網にひっかかったこの兎を許さなかった。皇子は奈良に送られると偽わられて、今の和歌山県海南市にある藤白坂で絞殺された。

この事件によって新日本株式会社の社員たちは、

「たとえ身近な者でも、新会社にたてつくものは粛清される」

ということを思い知らされ、戦慄した。中大兄以下、新会社のトップ層には、血も涙もなかった。会社維持のために異を唱える者は、容赦なく命さえ奪ったのである。

不満層の意識操作をした新権力

関心を「政権」から「外へ」向けよ

不満派を代表した有間皇子は粛清されたが、それだけで日本全国で頭をもたげはじめた新政権への不満が鎮圧されたということにはならなかった。これは新権力の誤算であった。逆に地方の抵抗と不満は、いよいよ大きくなりはじめていた。それは、

・新組織になっても、一つも良いことのない旧組織員たちの不平や不満。
・にもかかわらず、新権力者たちが富を収奪して独占することへの不満。
・しかも、人事を思うように行う専断への妬みと反感。

などが、いよいよ蔓延した。新権力者たちは協議した。

「今、日本国内に充満している不満をどこへ向けるか？」

ということである。そして、結論を出した。いつでも権力者が行うのは自分たちの改革ではなくて、不満層の意識を他に向けてしまうことである。つまり、今で言う意識操作だ。どこに向け

るか？　言うまでもなかった。自分たちに向けられたのではたまらない。あくまでも自分たち以外に向けなければならない。では、この時代、自分たち以外とは、一体どこか？

新権力者たちは一つを国内に、一つを国外に向けることを考えた。国内の対象は、東北のエミシであった。大規模な遠征軍が編成され、阿倍比羅夫《あべのひらふ》が起用された。なぜ、阿倍比羅夫を起用したかと言えば、阿倍氏は、新権力下でも依然として大きな勢力を持つ豪族の代表だったからである。無視できなかった。

中大兄は、自分の后の一人に阿倍氏の娘を入れたほどである。また、殺された有間皇子も、阿倍氏の娘を母としていた。そこで、中大兄政権は阿倍氏が一体どう出るかを試すと同時に、列島上の不満派の関心をすべて東北に向けてしまおうと企図したのだ。

当時、国軍というのはそれほどない。したがって、東北にエミシと闘いに行くにしても、その軍勢は、すべて阿倍氏の私兵であった。しかし、阿倍比羅夫が率いる軍勢は、今の秋田県を中心に、青森県に侵入し、さらに北海道まで渡って現地を侵略した。エミシだけでなくミシハセまで侵略した。

この侵略戦争は成功した。中大兄たちの企図したことは当たったのである。圏内的に成功した侵略を目のあたりにすると、新政権は、今度は国外に向って侵略を開始した。国外の標的は朝鮮だ。

百済という国の救援を口実に大軍が海を越えて半島に渡った。が、この戦争は唐《とう》・新羅《しらぎ》連合軍と衝突して白村江《はくすきのえ》で日本軍が大敗したことは前に書いた。これは予期しない大事件であった。この敗戦は、せっかく東北侵略の成功で、少しは国民の意識がそらされたと思った直後の大敗である。

内外の不協和音に、四苦八苦した新政府

国内は混乱した。抑えつけたと思った各地域での不平や不満がさらに盛んに燃えはじめた。国内は再び負担の重さ、専断への妬みと反感などで満ち満ちた。

本来、「内外の不協和音」即ち、「きしみ」は、まず、内部の改革に目を向けなければならない。それが、特に従事者たちから起こったきしみであるならば、その原因を探り、適切な対応策を講ずるのが、良き経営者の道である。が、大化改新政権はそれをしなかった。あくまでも中央突破で押し切る気でいた。こういうときに、姑息な、あるいは狡猾《こうかつ》な経営者がとる道は決まっている。

・反対者の懐柔策
・閨閥《けいばつ》づくり

などである。中大兄たちがとった懐柔策は、

①役職を増やしてバラまく。
②既得権を当面、返す。
そして、閨閥づくりとしては、
①反対者の娘たちを新権力者たちの妻や側室に迎える。
②新権力者の娘たちを、反対者の息子たちの妻たちに与える。
などである。

中大兄たちは、懐柔策の一つとして、それまでの官位の数を大幅に増やし二十六階にした。これは改新政治の開始当時、聖徳太子が決めた十二階を十三階にし、わずか一階の微増策をとったのを、たちまち二十六階まで増やしてしまった。倍増の役職者をつくったのだ。

それだけでなく、氏族に民部《かきべ》と家部《やかべ》を再び認めた。この改正では、官位を増やして地方豪族に与え、つまり、地方豪放を新会社の役員にさらに大幅に組み入れながら、その上、従来の地方豪族の権益をもう一度、彼らに戻したということである。つまり、新会社に統合した各地域の中小企業の経営を、それぞれ昔の経営責任者に任せたということになる。

これは名をとって実を与える、新権力の後退と言ってもいいだろう。公地・公民を唱えてきた新政権にとって、何とも腹立たしいことであったに違いない。しかし、白村江で大敗した以上、そんな贅沢なことは言っていられなかった。これらの方策を実行するために、いろいろな武器、つまり、刀だとか弓だとか矢だとか盾などに意味を与え、これをそれぞれの位階に応じて地方豪族に与えた。

このことは、それほど地方の不平不満が煮《たぎ》っていたということを物語る。

「地方豪族の再登用」に追い込まれた天皇

もう一つ危機感があった。それは、朝鮮で大敗したのみならず、余勢をかって唐・新羅の連合軍が、日本本土に攻め込んできはしないかという不安である。この不安は、西の地域一帯に水城築造という形で表われ、一次的防衛線が構築された。しかし、それだけではすまなかった。中大兄たちは都を近江に後退させた。これはもちろん、後に実現する中大兄の即位の伏線としての意味もあるが、もう一つはそれ以上に、唐・新羅軍の侵攻を恐れて、都を防備の固い内陸の奥に後退させたということだ。

こういう状況の中で、中大兄はやっと即位した。もう、彼以外天皇になって状況の責任をとる者はいなかったからである。中大兄は天智天皇となった。皇太子には、弟の大海人皇子をあてた。

皇太弟《こうたいてい》だ。さらに、天智は前に粛清した古人大兄皇子の娘倭姫命《やまとのひめおう》を皇后にたてた。粛清した相手の娘を皇后にするというのは、それだけ状況がさし迫っていたということである。それだけではなかった。六七一年正月（大化十年）、天智天皇は玉座を固める諸大臣に次のような人々を任命した。

太政大臣　大友皇子（天智天皇の息子。天智はこの頃から皇太弟の大海人皇子をさしおいて、この皇子に皇位を譲ろうと考えていた）

左大臣　蘇我赤兄（有間皇子を謀殺した張本人。その功を認められたのか、人臣としての最高位に登った。なかなかのやり手である）

右大臣　中臣金

大納言　蘇我果安《そがのはたやす》　巨勢人《こせのひと》　紀大人《きのうし》

などであった。言うまでもなく、蘇我、中臣、巨勢、紀などの各氏は、すべて大化改新前からの地方豪族の雄であった。こういう連中を起用しなければならないほど、中大兄即ち天智天皇は追い込まれていたのだ。

しかし、何はともあれ、これら起用された人物たちが、とにかく天智を中心に反政府派を鎮圧しようという意図で一致団結していれば、別に問題はない。気持ちさえ揃っていれば、怖いものはないからである。が、そうはいかなかった。

と言うのは、前にちょっと触れたが、大友皇子を、天智が急に自分の後継者にしようと思いはじめたからだ。

誰が見ても、皇太弟の大海人皇子はそれまでの天智への強力な協力者であった。当然、次の皇位は大海人皇子が継ぐものと皆が思っている。それを天智が次第に大海人を邪魔にしだし、自分の息子である大友にその気持ちがあることを示しはじめたのだから、これは納まらない。

言わば、

「公の所有物である皇位」を

「私有財産」

に切り替えようとしている、と見られたのだ。

つまり、公を私に転化しようという意図が天智にありありと見えはじめたのであった。朝臣たちはこれには我慢できなかった。大海人は次第に天智に邪魔にされはじめ、遂に近江朝の祝宴のときに爆発して、大きな槍を床につき立てて、天智を詰問した。天智は怒り、ただちに大海人を殺そうとした。が、このときはまだ中臣鎌足が健在で間に割って入って、両者をなだめた。しかし、この事件は両者のしこりになった。

そして、天智が病篤《あつ》くなったとき、天智は、皇太弟の大海人を枕元に呼んで、

「次の天皇には、お前をあてたいが」

と持ちかけた。しかし、大海人はこれを受けず、

「私はその任ではありません。直ちに、頭を剃って坊主になります。ですから、どうか次の天皇には、大友皇子をあててください」

と言って、逃げるように皇居から去った。そして、吉野に急行した。壬申《じんしん》の乱のはじまりだ。

抑圧・封じ込めは問題解決にならない

壬申の乱については深くは触れない。結局は、大海人皇子が勝って、皇位を継ぎ、天武天皇となる。この事件は、せっかく、

「公の理念」

に燃えながら公地公民制を実行し、日本株式会社という一大会社を創出し、地域中小企業をその傘下に納めることを意図した天智が、晩年になって、無謀な朝鮮への出兵その他で失敗して国民の不安をかきたて、結局、それまで抑えつけた、つまり、地域の中小企業を再び復興させるという事態を招いたことと、また、皇位を公の立場を忘れて、私的欲求に走り、世襲を意図したと

ころにこの反乱の大きな原因があったのである。

考えてみれば、これは現代でも経営体がよく犯す誤ちでもある。つまり、身内の情にかられて、経営の本義を忘れ、権力を私物化し、できが良かろうと悪かろうと、とにかく自分の子供に会社を継がせよう、というような足掻きをするから、こういう大乱を招く。その後も天皇家では絶えることなく続いていく。

しかし、なぜそういう闘争が起こるかと言えば、やはり、皇位というものが今とは違って、昔は実益をともなう椅子であったからである。その後に起こるもろもろの政変も、この実益を抜きにしては考えられない。

つまり、日本という国から上がる富をめぐっての凄絶な闘いであったのだ。

ただ、そうは言いながらも、天皇政権がその後も連綿として続くのは、天智や天武のような専断者が退いた後は、言わば合議制によって、この権力が守られたからだろう。もちろん、集団制といってもその成員自体は、凄まじい暗闘を繰り広げたことは事実だが、それにしても究極的には力がある者がその座にのし上がって、とにかく集団制を続けていった。

彼らにとって名を得ることは目的ではなかった。実を得ることに努力した。ということは、内実はどうあれ、名だけは保ち、その名を保つために実を分け合って、集団指導を続けたということとだろう。名を保つということは、即ち、「公」を保つことであり、それは実を得るという「私」を超える。

だからこそ、「私」は「公」の下位にあり、上位にある名を保つことが可能だったのである。大義名分というのは、常にこの名のことだ。大義名分さえ立てておけば、内実はたとえ私欲の発露であろうと、世間はとやかくは言わない。その辺が集団指導者たちの巧妙な策である。

しかし、諸国の不平不満は、正しい解決をされたとは言えない。集団指導者たちの巧妙な術策が、かろうじてそういう不平不満を鎖圧し、あるいは、他に意識を振り向けて、やじろ兵衛のような均衡を保って運営されていった、ということだろう。そしてこのことは、いつの時代でも同じである。いかなる組織体でも、いつもこういう不安定な要素を内部に孕《はら》みながら、きわどい運営を続けている。

本来、こういう抑圧策・封じ込め策は本当の解決にはならない。きしみが内部に起こったときは、その患部を摘出して、本当の治療を加えなければならないはずなのに、常に、そういうことは行われないのが組織の常套《じょうとう》である。それがまた組織におけるドラマを、いつの時代にも絶やさない原因なのかもしれない。というのは、組織も人間がつくっているからだ。

常に繰り返される主権の争奪戦

昔も今も「経営の特質」は変わらない

日本の国の富をめぐる経営権ということで考えるなら、この経営権は、常に下降と上昇の繰り返しだ。上昇の頂点は天皇である。下降の極限は、一般市民だろう。言うところの「主権」が、どこにあるか、という問題を繰り返しているのだ。

どこにあるかというのは、何度も何度もこの主権の争奪戦が行われるからである。一旦下降したと思った主権も、たちまち上層部に取り返される。取り返された主権は、再び下位者が奪いとる。大化改新・建武新政・明治維新は、それが上部の頂点である天皇のところに戻ったときだ。だから、これらの事件を、

「王政復古」

という。正しくは、建武新政や明治維新が、大化改新に戻ることを言っている。

つまり、それぞれの事件は、大化新政に戻ることを目標としたのだ。しかし、王政といい、復古といって元に戻ることを目的とするなら、裏返して言えば、主権が、すでに王の許を離れて、他のところにいってしまっていたということである。他のところというのは、この場合、武士で

あることが多かった。

大化改新によって、天皇の許に統一された日本国の経営権は、その後、幾多の変遷を重ねた。変遷のはじまりは、まず、天智天皇を支えた腹心、即ち、大化改新を実現させた最大の協力者、中臣鎌足の子孫の手に経営権が移ったということである。天智・天武当時は、中臣たちの協力を得ながらも、ほとんど天皇の親裁政治だった。天皇そのものが経営の専断者であった。日本という経営体のトップに立つ責任者として、思うように腕をふるった。

しかし、合議制が発達してくると、その合議機関に加わる中でも、力の強弱が出てくる。その中で、抜きんでて実力者になったのが、中臣鎌足(藤原鎌足)の子孫である。経営権は、天皇の手から次第に藤原氏の手に移っていった。そして、驚くことに藤原一族が経営権を手にしていた期間は、八世紀初頭に藤原不比等が出現して以来、一二世紀中頃に平清盛が、武士階級出身者としてその経営権を奪取するまで続いた。

四世紀もの間、藤原一族が経営権を手にしていたのである。経営権を手にするということは、もちろん日本の富を独占するということである。藤原一族は、文字通り日本の富を独占し、

「藤原氏に非《あらざ》れば日本人にあらず」

などと豪語した。その勢い恐るべしだった。

しかし、この頃はまがりなりにも中央政府員の手に経営権があったと言える。平清盛は武士出身ではあったが、早くから中央政府の一員として仕え、必ずしも地方に住んでいたわけではない。むしろ、中央にあって地方の中小の企業を支配し、平コンツェルンの中に組み込んだ。彼の持つ荘園のほとんどが、そういうものであったと言っていい。

が、その後出現した源頼朝は、明らかに地方豪族の出身者である。彼の父源義朝は、関東地方の相模地帯に拠点を持つ武士であった。

四、五〇〇年の年月をこういう乱暴な切り方をするのは、歴史に対する冒涜《ぼうとく》であるかもしれない。

実力者のぐらつきで不安定な経営権

しかし、大化改新後に起った事件を、経営という観点から眺めてみると、経営の実力者がはじめ地方豪族であったものを、大化改新政府は中央に集権した。しかし、その集権が完全に行われたのではなく、依然として地方には地方なりの経営者の生活と意見があり、また、富に対する執着も強かった、ということは前に書いた。

だから、中央の実力者たちは、いつも基盤の定かでない、言わば豆腐の上にいるような不安定な位置に置かれていた。経営権の下降現象は、そういう状況の下では当然、起こりえることである。藤原氏という貴族に下降した経営権は、その後、平清盛というさらに下位の武士出身者の手に移った。

しかし、清盛自身はその出生が天皇の隠し子だと言われるように、もともとは貴族である。また、同時に彼の実権掌握後の行動は、武士であるよりも、むしろ貴族への接近の方が目立つ。つまり、出身は武士であったが、実力を握ったあとは、

「自身の貴族化」

をはかった。このことは、総体的に言えば、

「武士の貴族化」

をはかったと言える。事実、平氏一門はすべて貴族になった。軍事力を持った貴族である。このことは従来の経営権者たちが、地方の中小企業のある程度主体性を持った経営を前提とし、それを束ねる形での運営方法であったものが、平清盛は、首尾一貫した力を本社の中に持ったということであろう。

地方の豪族たちが担ぐ神輿《みこし》の上に乗っているというのが、改新当時の実権者の姿であったのなら、清盛は、神輿を担ぐ連中も自己の支配下で育てて保有していた、ということになるだろう。

頑固なまでに意志を貫いた源頼朝

が、いずれにせよ、平清盛の行動は、

「藤原氏を倒し、しかし、その藤原氏的生活を自己に取り込んだ」

と言える。これは、源頼朝には我慢ができなかった。彼は独自な経営権保持の方法をとった。それは、

「貴族にはならない。あくまでも、武士としての立場を貫く」

ということであった。源頼朝から見ると、平清盛の行動は、もともとは武士のニーズを担って武家政権を確立したはずなのに、いつの間にか、武士たちの期待を裏切り、自分だけが貴族の群れの中に溶け込んでしまった、というふうに見えた。これは明らかに、彼のために働いた武士たちを裏切り、その期待に大きく背いたということになる。

「俺は、そういうことはしない」

源頼朝はそう決意した。だから、彼はことさらに、

「武士の貴族化」を恐れた。そのために、彼は予防策をとった。予防策というのは、
①絶対に朝廷から貴族の官位を受けない。

②絶対に武家会社の本社を京都に置かない。

ということであった。頼朝は、事実この二つを守った。彼は征夷大将軍という武家の最高の職をもらったが、関白だとか、太政大臣だとかのいわゆる貴族の職位は受けなかった。

もっと大事なのは、彼が京都に本社を置かなかったことである。武家の貴族化は、京都に本社を置くから起こるのだ、という考え方を頼朝は持っていた。平氏がそのいい例である。そして、頼朝が死んで北条氏が滅び、足利尊氏が経営権を奪取するが、その足利氏も源氏の末裔《まつえい》でありながら、京都に本社を置いたために、その生活と意見が次第に貴族化し、結局は、貴族化したまま衰退し、滅びてしまう。滅ぼすのは、これまた下級大名であった織田信長である。

源頼朝の、この強い意志によって保たれた武家政権を、リンカーンの言葉を借りるならば、

「武士の、武士による、武士のための経営体」

ということになる。

頼朝の経営権奪取は、それまでの年月の長さは認めるにしても、結局は大化改新政府が地方の豪族たちから奪った経営権が、再び地方豪族の手に戻ったということに他ならない。本社に集権した諸権利が、結局は現場に戻されていった、ということなのである。このことは、日本の企業経営では大きな歴史的うねりを持っている。それは企業自体が意図する、しないにかかわらず、

時の空気、あるいは歴史の醸しだす状況によって、そうしなければならないときが、必ずあるということである。たとえば、ドラッカーの言葉による、

「どこからともなく、また何となく、企業に、内から外から聞こえてくる不協和音」の存在が感じとられるときは、内にも、外にも、もう一度目を向け直して、体質の改善をはからなければならない。それをしないでいると、結局は企業が、社会の運行に置き捨てられてしまう。

かつて経済同友会が発表した「新日本的経営」という提言によれば、日本の経営の特質と、新日本の経営の特質を、次のように分けている。

■既存の日本的経営の特質

〈戦略行動〉

・オペレーション中心
・内部蓄積
・本業中心
・開発中心
・効率中心

〈組織〉
・階層的組織ネットワーク
・集権
・大きな本社
・ボトムアップ型意思決定
・生産部門にパワー

〈制度・慣行〉
・終身雇用制
・年功制
・TQC
・企業内組合

〈人的資源〉
・同質的存在
・集団主義
・会社への忠誠心

・平等主義
・伝道師型リーダー

■新日本的経営の特質

・戦略中心
・機動性（外部資源活用）
・関連多角化
・基礎研究
・イノベーション中心
・水平的分業ネットワーク
・分権
・小さな本社
・トップ主導型意思決定
・R&D部門にパワー
・終身雇用制維持

・能力主義
・TQC部分的修正
・企業内組合は維持しつつも、存在価値の再定義
・異質人材
・個人主義の許容
・会社忠誠心は維持
・個性重視
・変革のリーダー

この提言のうち、新日本的経営の特質に書かれたことを見ると、すでに見てきた、たとえば大化改新時にも、こういうことが行われていたことを私たちは知る。

日本歴史上に起こるきしみ

つまり、日本歴史における政治事件も経営という観点で見つめ直してみれば、それぞれのトップがとった行動は、この新日本的経営の特質に照らし合わせて、かなりオーバーラップすること

が多い。

したがって、ドラッカーの言う

「きしみないしは、不協和音」

が聞こえてきたときに、とるべき態度はいつの時代でも変わらないと言える。きしみや不協和音を単に企業内部の従業員の不平や不満と受け取るのは間違いである。なぜ、そういう不満が起こってくるかと言えば、従業員は従業員の立場で、

「お客のニーズ、あるいは常識、価値観と、この企業で行っている仕事が、どこかずれを生じているのではないか？」

という疑問を持っているからである。

同時にそれが、

「自分たちの労働に対応しない処遇、あるいは、仕事の行程の不合理さ、理不尽さ」

などを感じとったときも同じである。常に、優れた経営者というのは、こういうきしみや不協和音を敏感にとらえ、それも自分のこととして、すぐ内外とともに体質の改善に取り組む気持ちを持っている。

体質変革で成功した大化改新

カギは「破壊・建設・維持管理」の三位一体

経営の素朴な目的が、

①そこで働く従業員の生活を保証すること。

②そのために、いろいろ事業を行うが、事業には、当然、社会性・公共性がなければならないこと。

③経営とは、この①と②を融合させ、整合させて、滑らかに行うこと。

だとしても、実際の経営はそんな単純なものではない。そのために情報を集め、戦略を立て、従業員のモラールを高め、進行を管理し、業績評価し、実績を上げる、というようなプロセスを踏む。

そして、そういう経営を滑らかに行うためには、客側の新しいニーズに対応するための体質の変革を続けなければならない。体質変革は、その企業が存続する限り、永久に続けられなければならない。その永久に続けなければならない変革も、方法には三つのパターンがある。

①破壊型

②建設型

③維持管理型

に分けられる。

この三つの型を、もっと砕いた言い方をすると、

①は、新しい状況に適応できない古い体質や死んでしまった体質を思い切って捨てることである。

つまり、自己組織内に潜む古い部分を切って捨てるということだ。破壊の対象は、ハード面では自己組織内にあるセクションであり、ソフト面では従業員の意識のことである。組織として古いものを捨て、新しいセクションをつくる。そして、古い仕事をしている人々を新しいセクションに回す、ということである。

②の建設というのは、新しく起こってきた状況に適応することである。新しく起こった状況とは、もちろん、客側のニーズの変化を言う。そのために、新しいセクションをつくり、新しい意識で、それに応えていくということだ。

③の維持管理とは、組織である以上、その経営には連続性・継続性がなければならない。何もかも捨てて全部新しく変えることは、実際問題としてありえない。今まで守ってきた経営方法の中にも、充分対応していけるものがある。それを大切にして、あくまでも、維持していくのが維

持管理の型である。経常的なルーチン仕事には、こういうものがたくさんある。改革を急いで、そういう過去の良いものまでも全部捨ててしまうのは、即断である。

大化改新が、まがりなりにもうまくいったのは、この破壊・建設・維持管理の三位一体がうまくいったということに他ならない。

最も怖いのは、破壊の目的化

改革で何と言ってもかっこいいのは、破壊だ。壊すということは人間の快感を呼ぶし、それまで鬱屈《うっくつ》していた怨念《おんねん》の発散対象として、破壊という行為は人間を喜ばせる。しかし、図にのりすぎた破壊は、今までの良いところを壊してしまう。それだけでなく、

「壊すことが方法でなく、目的になる」

ことがある。ということは、壊すことに熱中して、

「壊したあとに、どうするのか?」

ということを、まったく考えないのだ。破壊後の構想を持たないで、破壊だけに終始する経営改革行為は、おうおうにして見られる。壊してしまった後、瓦礫《がれき》の山の上で何をどうしていいの

か途方に暮れる。

歴史にもたくさんの事例がある。無計算のまま、壊すだけ壊してしまって、その後の建設に対する計画や構想をまったく持たないから、その破壊行為だけが目立って、人々にそっぽを向かれてしまうような経営者がたくさんいる。歴史の上で、単発で終わった反乱行為の多くはそういう類《たぐい》だ。大化改新を分析してみると、

①の破壊に相当するのは、蘇我入鹿・蝦夷父子を殺して、旧体制破壊の血祭りにしたことだった。これによって、少なくとも朝廷内の旧勢力は身を縮めた。蘇我父子の肉体破壊にとどまらず、ソフト面で朝廷員の意識も破壊したと言えるだろう。

②の建設構想は、実を言うと変則である。それは、中大兄皇子と中臣鎌足を軸にして組み立てた構想ではあったが、その構想は別にオリジナルなものではない。彼らが、日本に即して着々と組み立てた計画ではなかった。はっきり言えば、中国の制度をまる写しにしたのである。中国の唐で行われている経営方法を、そのまま日本に取り込んだと言っていい。

しかし、この方法は斬新であり、また、たまたま公地・公民というような、当時の民衆のニーズにも適合した。だからこそ、中大兄・中臣ラインによる構想と、民衆側のニーズが、それぞれ空間で点と点が結合したと言っていい。一つの世論であった。

「経営改革」と「世論」はワンセットで考える

経営改革は、ただやみくもに経営主体が考える計画だけでは進まない。その計画を保証する世論がなければならない。それは時代の空気であり、また、民衆の空気でもある。理屈にならないものだが、そういうものが確実にある。それを読みとらないで、ただ自分の考えだけで、改革を推し進めると、破壊だけを目的にする猪突行為になってしまう。この点、中大兄・中臣ラインは賢明であった。彼らの場合は、

「破壊後の建設構想」

があって、それを前提にした破壊を行ったと言える。だから成功したのだ。

③の維持管理については、そこまで新しい構想を持ちながらも、その構想を全面的に展開することができなかった、ということである。大化改新政治も、やがては旧豪族の経営方法を認めざるをえなかった。つまり、「公地・公民」という日本の土地をすべて公有し、日本の人民もすべて公有するという、言わば、大日本株式会社の中に、資産と従業員を組み込んでしまうという構想を立てながらも、それを最後まで押し通すことができなかった。

組み込まれる日本各地の中小企業が、既得権に拘泥《こだ》わって反対したからである。同時に、夢を

描いた大日本株式会社への統合が、いざ発足してみると、必ずしも、そこに組み入れられた人々の利益を保障するものではなかった。

むしろ、富は中央本社に独占されるという傾向を強めた。これに地方は反発した。その反発は無視できなかった。そこで中大兄・中臣ラインは、再び地方に中小企業の権益を戻して、言わば、

「地方分権」

に切り替えざるをえなかったのである。もちろん、その場合、地方の中小企業の役職者たちは、中央本社の役職者として、改めて地方に派遣されたという形式をとったから、完全に昔に戻ったわけではなかった。そういう紐つきではあった。

しかし、実際にはかつての経営方法を甦《よみがえ》らせたことは事実である。これは、大化改新を推進した中核グループの一歩後退であった。それほど伝統的な経営の連続性・継続性というものは根強い。この根強さを無視して、ただ頭だけで考えた改革構想を、急いで展開すれば失敗する。その点、中大兄・中臣ラインは、根気強く同時に巧妙であった。狡猾《こうかつ》でもあった。だからこそ、この体制がしばらくは続いたのである。

それに、この体制は、

「集団指導制」

をとっていて、その集団指導に当たる人々は、中大兄を頂点に時代の先端をいく新知識人の集まりでもあった。同時に、ただやみくもに、外国の新しいものを取り入れたというのではなく、日本の古い体質をよく知っていた。そして、その体質をよく知るがために、中国の新しい制度を取り入れたのである。だから、

「どこを壊し、どこに新しいものを建設するか、さらに、古い良いものを長持ちさせるか」

の三つの方法を、きちんと樹《た》てていたことである。経営計画がそれなりに構築されていたのだ。

そこへいくと、

「建武新政」

は、必ずしも、大化改新に相応するものではなかった。はっきり言えば、やり方が下手だった。

また、

「破壊後の建設構想」

が完全ではなかった。だから、間もなく失敗した。これについては、第2章でくわしく取り上げることにしよう。

第2章

なぜ、二年半で建武新政は消滅したのか

「時代の空気」を読みきれなかった

建武新政も経営権の争奪戦だった

土地こそ財産――守って増やせ

建武新政が、

「政治闘争」

でなく、

「経済闘争」

であったことは、建武新政実現後のもろもろの事件によって、見事に立証されている。たとえば、政権回復後の後醍醐天皇の行動を見れば、はっきりする。その後醍醐帝の行動に対して、武士たちがとった行動によっても明らかである。それは、日本の国の富を巡る闘争である。この場合、日本の国の富というのは、「土地」であった。土地が至上の財産であったのだ。この財産に対して、武士たちは、

「一所懸命」

の思想を持った。

つまり、一つどころに命をかける、という考え方だ。自分の持っている土地をあくまでも守り

抜き、さらに増やせればいい。しかし、絶対に減らしてはならない。ましてや、失うことがあってはならない、という考え方だ。貨幣経済が発達していない当時、無理はない。富を生む源泉は、すべて土地であったからである。土地こそは武士の生き甲斐そのものであった。

しかし、武士たちが土地にそれほど執着し、また現実に土地を所有できるまでには、それなりの経過があった。建武新政を考えるのには、まず、そのことに触れておかなければならないかもしれない。

建武新政が実現されるためには、日本中のほとんどの武士が、真二つに分かれた。つまり、天皇方と武家方である。武家方というのは、源頼朝を始祖とする鎌倉幕府の流れのことだ。この場合には、コア（芯）になったのは、北条一族だ。そして、建武新政もまた、突然変異のごとく起こったのではなく、底流としては長い年月の積み重ねがあった。歴史があった。では、その長い年月の積み重ね、あるいは歴史というのは何だったろうか？　それは言うまでもなく、そのときに国内に漲《みなぎ》っていた、多くの人間の「新政への期待」である。大化改新も同じだ。時代の空気である。無名の民の強いニーズ（欲求）があったからこそ、改新という大事業が可能だった。

大化改新後、やがて藤原一族という貴族に下降した経営権は、日本全国では、「荘園」

という形で保たれた。つまり、荘園が富の生産拠点になった。

そして、この荘園の管理は、藤原家の場合は一族から派遣された管理人が当たる、という方法がとられた。しかし、この管理人も都から派遣されたのではなくて、地方の有力者を登用することもあった。が、藤原一族の栄華が極まってその威令が行われなくなると、荘園を管理している管理人たちが、それぞれ勝手なことをはじめた。都の藤原一族に送るべき富を中間搾取してしまうのだ。あるいは、そっくり横領してしまうこともあった。こういう連中を、藤原一族は、

「悪党」

と呼んだ。後のことになるが、楠木正成なども、南朝の忠臣だと言われているが、当時の貴族や大寺の僧たちからは、「悪党」と呼ばれていた。というのは、楠木正成は、街道で待ち構えていて、そこを通る都への貢ぎ物運びから荷を奪い取ったからである。

番犬扱いから台頭した武士

源頼朝が平家から奪い取った経営権は、さらに下位の武士たちに分与された。これを、

「安堵」

と言った。そして、自分の土地を安堵された武士たちは、安堵してくれた者に対して、「御家人」という従属関係を結び、安堵を、

「御恩」

と言った。したがって、源頼朝がつくり上げた、「武士の、武士による、武士のための経営体」の経営方針は、この武士の土地を「安堵する」ことと、武士たちの「御恩」に対する恩返しによって運営されていたと言っていい。

後世のような忠誠の観念は、この時代にはまったくない。そういうものができるのは、儒教が国学扱いをされた江戸時代に入ってからのことで、近世直前の戦国時代にはそんなものはなかった。

しかし、平清盛や源頼朝が出現するまで、まがりなりにも四世紀の長きにわたって、藤原一族の経営権の保持が可能であったのは、やはり藤原一族も各地方における地方経営体の富の搾取をある程度、大目に見ていたということだろう。これが取り立てが厳しくて、まったく中間搾取できる富がなかったならば、地方豪族はもっと早期に反乱していたに違いない。武士というのはこの中間搾取者や、その中間搾取者に使われていた武力のことである。

すなわち、富を都に届けるときのボディガードになったり、あるいは地方経営者のボディガー

ドを勤めていたのが次第に力を得て、ということは、自分たちの土地も得て、何人かの部下を持つようになり、それが総和として武力にまで上昇してきた、ということだ。

そうは言うものの抬頭《たいとう》してきた武士は、都では惨めだった。まるで番犬扱いのようだとしても、また、風の日も、雨の日も、雪の日も、日照りの日も、御所や貴族の屋敷の囲《まわ》りを警護した。源頼朝や平清盛の祖父の時代には、貴族から差別の対象として侮蔑されたことはよく知られている。

なぜか繰り返される独裁制

拙速すぎた経営権の単独行使

建武新政というのは、簡単に言えば、

「武家に下降していた経営権を、もう一度天皇の手に取り戻す」

ことである。つまり、大化改新で、一旦、天皇の手に取り戻した日本の経営権が、その後、藤原氏という貴族に下降し、さらにその藤原氏から番犬同様であった武家の手に下降し、その武家が一時は平家のように貴族化し、しかし、それを認めない源氏が自分の手に取り戻した。

そして、その後、源氏が三代で滅びると、その執権(番頭)であった北条氏が経営権を手にし、名目上の将軍を立てながらも、実質的には、北条一族が長年にわたって日本の経営を続けてきた。それにあきたらない後醍醐天皇が、突然反乱して、足利尊氏、新田義貞《にったよしさだ》、楠木正成、名和長年《なわながとし》や、加えて一部の側近貴族を使いながら、北条氏を打ち滅ぼし、経営権を再び天皇の手に取り戻したということである。

しかし、後醍醐帝は理想が高く、後醍醐の名を名乗るように、かつての醍醐天皇の治世を懐かしみ、その時代に日本の経営を戻したいと願っていた。だから、後の醍醐という名をつけた。普通、天皇の名は生きている間は今上天皇と呼ばれて、イミ名は死んでから贈られるのが普通だが、後醍醐だけは、すでに生前から自分に後醍醐というイミ名をつけていたらしい。墓碑銘まで彫っていたらしい。

それほど彼は、醍醐帝の治世にあこがれていた。醍醐天皇というのは、寛平九年（八九七）から、延長八年（九三〇）まで三三年間にわたって在位した天皇のことである。その治世が大変に喜ばれたという。

しかし、後醍醐帝は理想に走りすぎるため、やや、やり方が短兵急《たんぺいきゅう》であった。短兵急というのは、単に方法論の展開だけではなかった。それを推し進める体制の構築にも配慮を欠いた。つまり、

「経営権を単独行使する」

という姿勢が強すぎたのである。

それまでの日本の経営は、「執権」という名のもとに北条一族が行ってきた。しかし、北条一族が行っていると言っても、単に武家だけが経営を行っていたわけではない。朝廷にも手が伸びており、親北条的《しんほうじょうてき》公家《くげ》はたくさんいた。

同時に北条氏は武士だから、武士の利益を代弁し、それなりのニーズを消化していた。が、その消化の仕方が段々亀裂を生じたために、全国の武士（中小企業者）の不満が吹き出したということである。

このことは、状況がまだそこまで熟していないのに、新しくその座に着いた社長が、いきなり、

「社長独裁の経営」

をはじめたのと同じだ。武家に経営権が移ったとはいえ、その経営方法は一種の集団指導であった。また、それ以前の天皇による国家経営も、必ずしも天皇独裁という形式をとったことはなかった。上皇のいわゆる、「院政」と「天皇の経営」とが微妙に溶け合って行われていた。

問題は段取り、人材登用の誤算、富の不公平

上皇は、言わば会長である。天皇は、社長だ。会長と社長が互いに勢力を競いながら、それが微妙に融和して、経営陣に刺激を与え、重役陣を発奮させ、これも一種の集団指導制が行われていたと言っていい。社長独裁という形で、日本の経営が行われたことは、実はそれほどない。独裁とか親裁とかいうものは、不思議なものである。そして、この独裁と集団指導とはいつの時代にもある。たとえば、徳川時代の将軍の政治も、この独裁と集団指導の繰り返しだ。同時に地方の中小企業ともいうべき各大名の藩経営も、この独裁と集団指導を繰り返している。徳川家や各大名家における、いわゆる「お家騒動」は、すべてこの独裁制と集団指導制の凄まじい闘いである。単なる相続人を巡る騒ぎではない。経営上の争いなのである。

だから、この独裁制と集団指導制には、いつも同じパターンがある。それは、

・独裁制では、トップはそれまでの集団指導制に参加していた重役を登用しない。別に新しく自分の側近をつくる。これは、位階を飛び越えて新トップに直結させる。

この直結グループを駆使しながら、トップは思うように経営を行う。もちろん組織内には波乱が起こる。飛ばされた旧集団指導参加者たちが、おもしろくなくなるからだ。そこで、そうい

う層は新経営人の足を引っ張る。トップ交替にまで発展するのは、そのためである。
・集団指導制は、歩みは遅いけれども、それぞれの言い分をたてながら、一種のミックス政治を行うから波はあまり立たない。その代わりスピードがない。
そして一体に思い切った改革はできない。したがって、「トップ独裁制」は、非常にことがらが急がれる時期、即ち旧体制を破壊するときや、あるいは新しい建設を行うときには適するが、維持管理には適さない。

集団指導制はこれに比べると、維持管理に適する。この辺の見極めがきちんと立てられていればいいのだが、そうでない場合に騒ぎが起こるのだ。つまり、自分の企業を囲む状況を的確に見極めることができずに、

「この際は、維持管理した方が良い」

と思われるにも拘《かかわ》らず、無理矢理に、

「破壊」

を行ったり、あるいは、

「無理な建設」

を行ったりするからだ。

後醍醐帝の建武新政は、かなりこういう無理があった。というのは、一つは、

「段取りの悪さ」

である。そして、もう一つは、

「人材登用の誤算」

であった。さらに、

「富の不公平な配分」

である。

「身分を超えた有能者の登用」をした公家

まず、段取りの悪さだが、普通、破壊・建設・維持管理と言っても、それが団子のように、一つずつ単純に推し進めるわけでは決してない。破壊の途中に建設がはじまることもあるし、その建設も維持管理を底に据えながら行われることもある。つまり、この三つはいつもミックスされて進められるのだ。そして、この三つはそれぞれの部門に参謀と責任者がいて考え方を構築し、言わば、三権分立のような形で進められる。織田信長・豊臣秀吉・徳川家康の場合が良い例だ。

彼ら三人の場合は、

・信長が破壊

・秀吉が建設

・家康が維持管理

という分担をした。もちろん、これは主目的の分担であって、だからと言って、信長が破壊一方で建設をしなかったわけではない。信長の行動の中にも多分に建設的なものもあり、またときには、維持管理と考えていいような事業もあった。秀吉も建設一辺倒ではなく、建設の前提には大きな破壊もしている。

兵農分離などはそのいい例だ。徳川家康も維持管理型ではあったが、決して、それのみに終始したのではなく、前提としての建設、あるいは破壊も行っている。三河の一向衆徒《しゅと》と盛んに闘ったことなど、その例に入るだろう。

後醍醐帝の建武新政を見ると、この辺の段取りが少し混乱している。また、各部門の分担責任者がはっきりしていない。つまるところは、どうも後醍醐帝一人が計画を立て、実行の指揮をとっているように思える。建武新政の特色の一つは、

「身分を超えた有能者の登用」

である。その意味では後醍醐帝の能力者登用は、例のない画期的なものだった。

建武新政の目的は、

「公家（皇族と公家）一統の政治」

と言われる。そのために、その推進リーダーであった後醍醐帝は、武家を排除し、推進体の構成員は自身と公家で固めようとした。

しかし、その公家も、誰でもいいというわけではなかった。特に、親武家方、つまり、今まで北条氏と親密にして、見方によっては天皇・皇族・公家を裏切ってきた公家は排除した。後醍醐帝が登用した公家は、次のような人々である。

千種忠顕《ちぐさただあき》と北畠親房《ちかふさ》・万里小路宣房《までのこうじのぶふさ》・吉田定房《よしださだふさ》のいわゆる「三房」と呼ばれる公家や、日野《ひの》資朝《すけとも》・俊基《としもと》などである。いずれも身分の低い公家であった。それに、帝が特に登用したのは寺の僧であった。それも真言密教に関わりをもつ僧が多かった。

これらの近臣たちと帝は一緒になって天皇親政の理論的根拠を求めた。それをその頃の中国で学ばれていた「宋学《そうがく》」に求めた。

宋学の中でも、大義名分を重んずる儒教の朱子をよく読んだ。朱子は、大義名分、即ち君と臣の関係や、父子の関係などを厳しく説いていたからである。玄恵《げんえ》という僧が中心になって、天皇以下これらの近臣たちは、日夜宋学に勤しんだ。そして、これをその後の北条氏打倒の理論的根拠にしたのである。

　この研究グループが集まる様を、時の人々は、

「無礼講」または、「破礼講」

と呼んだ。集まった人々が、遊興をよそおって裸に近いリラックスした姿で勉強していたからである。もちろん、これは北条氏を油断させるためであった。

出身母体の違いで起こる摩擦

天皇は社長、上皇が会長という役割

　後醍醐帝が、天皇独裁による日本経営を策していた頃、もう一つ厄介な問題があった。それは、経営体にたとえれば、天皇は社長、上皇は会長と言える。が、この社長と会長の出身母体が約束で二つに分かれていたことである。つまり、後に南朝と北朝に発展する母体がこの頃から存在していた。大覚寺統《だいかくじとう》と持明院統《じみょういんとう》である。一時期、天皇家で皇位継承者について争いが起こり、みかねた北条氏が、執権の立場から仲裁し、

「これからは、両統の交代で、天皇をお選びになればいい」

と助言し、それが守られた。しかし、後醍醐帝はこれに不満であった。後醍醐帝は大覚寺統に属していた。できれば、自分以後は、大覚寺統だけで皇位を継ぎたいと考えた。

そのあたりにも、建武新政の複雑さがある。両統による皇位継承というのは、こんなふうに行われる。最初、持明院統から天皇が出れば、その皇太子は大覚寺統から出す。ということは、次の天皇は大覚寺統になるということである。そして大覚寺統が天皇になると、今度は皇太子を持明院統から出す。再び持明院統が天皇になると、その皇太子は大覚寺統から出す。こういうことをずっと繰り返した。

八十九代後の深草天皇から、九十七代後の村上天皇まで続いた。その他にも、この当時、歴史家が正式に認めていいのか悪いのかと論議の対象になっている天皇がひとり、ふたりいる。皇太子だけではない。

上皇についても同じだった。ということは、天皇が隠居すると、その天皇は上皇(太上天皇の略)と呼ばれる。僧籍に入った上皇は法皇と呼ばれる。しかし、いずれにせよ上皇や法皇が嘴《くちばし》を入れる政治は、「院政」である。

現代でも「院政」と呼ばれる経営方法が諸企業に存在するのは、この辺に基づいている。皇太子だけでなく、上皇もややこしいというのは、つまり、上皇そのものも大覚寺統と持明院統の両統から出るからだ。

整理すると、こういうことになるだろうか。大覚寺統・持明院統を母体として、それぞれ社長を選出する。社長は、後継者を自分の選出母体以外の母体から選ぶ。そして、新社長に座を譲ったとき、自分は会長になる。しかし、会長と社長と次期社長予定者とは、それぞれ出身母体が違う。

これは、一面、緊張剤になるかもしれないが、組織としては複雑を極める。第一、それに仕えていく重役や従業員たちがたまったものではない。どこを見て仕事をすればいいのか迷うからである。

さて、ここではっきりしておかなければならないことが一つある。それは、「後醍醐天皇」とか「建武新政」とか言うと、隠岐の島に流された後醍醐帝が、名和長年や児島高徳《こじまたかのり》などの協力によって、捲土重来の勢いで再び京都に戻り、それ以後はじめた国家経営の方が、印象が強いということだ。しかし、後醍醐帝の親政は、決して建武以降の新政にはじまるのではない。

むしろ、その前に帝の親政ぶりはかなり発揮されていた。だから建武新政を考えるには、後醍醐帝とその側近群の国家経営法は、建武以降に忽然《こつぜん》として現われたのではなく、その前の北条氏がまだ存在していた頃の帝の親政ぶりにも、充分、目を向けなければならない。

帝が手こずった僧兵たちの強訴

いきおい、帝の近臣たちも、同一時期に帝の回りに集まったのではなく、言わば、

「第一次親政の側近群」

「第二次親政の側近群」

に分かれるのだ。

整理するとこうなる。つまり、

第一次親政

・後醍醐帝は、第一次のときに北条執権政府が介入して取り決めた持明院統と大覚寺統と交代で天皇になる、という約束にしたがって皇位についた。
・このときは、別に武力を行使したり、政変によって天皇になったわけではない。あくまでも、平和裡に位を譲られた。
・しかし、帝は、かねがね宋学(朱子学)を学んでおり、君臣の名分を正すことに情熱を燃やしていたので、胸の中ではいつか北条執権を倒そうと考えていた。
・帝の国家経営は、かなり意欲的であった。

・近臣も、身分を問わず登用した。しかし、概して宋学グループと特別な宗教関係者が多かった。帝が展開した第一次親政では、次のような経営政策がとられた。

■院政を廃止したこと。つまり、会長の経営介入を認めなかったこと。

■天皇領をはじめ皇室と寺社の領地を整備したこと。

■細かい税制を確立したこと。

■自身の経営政策を展開するために、記録所という拠点を設けたこと。そして、この記録所に自分の意図を忠実に守る近臣たちを結集させたこと。

■もう一個所蔵人所《くろうどどころ》を設けて、この役所と記録所を連動させながら、経営政策を果敢に展開したこと。

■足許の京都経営に力を入れたこと。

税制改革の中で、おもしろいものがある。それは、京都の市民(商工業者)に対して、道路に面した間口の広さに応じていわゆる戸口税(地口銭)をかけたことである。

このときは臨時税だったが、長くこの風習は京都に伝わった。だから、京都の家々が、今も間口が狭く奥行きが長いという、言わば鰻の寝床のような構成になっているのは、この税金を安くしようという市民の知恵だった、と言われている。

■各地の関所を廃止したこと。もちろん、この頃の関所は単に旅行者の検査という目的よりも、むしろ地方豪族の通行税徴収の場になっていた。そこで、帝は関所を廃止して、それらの富が一括して京都朝廷に入るような仕組みに変えたかったのだ。

■第一次親政を支えた側近の人々は、北畠親房、万里小路宣房、吉田定房、日野資朝・俊基らである。それに、宗教関係者であった。

そして、この第一次側近群は直後に起こった正中の変によって、日野資朝・俊基は失脚し、北畠親房たちも、第二次親政にはそれほど積極的には参加していない。ということは、第一次親政と第二次親政には、やはり経営差があったのだろう。

北畠親房は第二次の親政については、その著『神皇正統記』の中で批判している。あれほどの忠臣であった北畠が、なぜ、第二次親政を批判したのだろうか？　彼の理念と第二次親政とが、食い違っていたのかもしれないし、また、人事登用面において、あまりにも足利尊氏や新田義貞、さらに楠木正成たちが進出してきたので、武士抬頭に対する不安感と嫌悪感をもっていたのかもしれない。つまり、第一次親政が含んでいた理念が失われたと見たのであろう。北畠親房は、やがて関東に去ってしまう。

そして、この後醍醐帝の第一次親政は、元亨《げんこう》元年（一三二一）から元徳《げんとく》三年（元弘《げんこう》元年・一三三一）にかけてほぼ十年間続いた。これに比べて、いわゆる「建武新政」あるいは「建武中興」と言われる帝の第二次親政は、わずか二年半にすぎない。

帝が流された隠岐の島から京都に戻って、再び政治を開始した元弘三年（一三三三）から、延元《えんげん》元年（建武三年・一三三六）にかけての短い期間である。しかし、後世この第二次親政の方が喧伝《けんでん》されて有名になっている。が、後醍醐帝にとっては第一次親政の方が大きな意味を持っているのだ。またそれだけの実績もあった。

もう一つ、第一次親政でおもしろいことがある。それは、帝が社寺勢力を放置したために、僧兵が育ったことである。この僧兵たちは、何かあると御輿を担ぎだして強訴《ごうそ》におよんだ。この強訴は必ず成功した。後白河法皇でさえ、

「朕《ちん》の思いのままにならないのは、鴨川の水と、さいころの目と、僧兵だ」

と言ったその僧兵である。

ややこじつけかもしれないが、この僧兵の強訴はどこかかつての総会屋に似ている。どこかで企業のトップと連携をしながら、局面の展開によっては突然恐怖を覚えさせるような行動にでるからである。その意味では、後醍醐社長は、充分にこの僧兵の動きを把握していて、無意識のうちに活用したということが言えるだろう。

古きを壊す後醍醐帝の第一次親政

トップがやるべきは「こわす・つくる・まもる」

それではここで第一次後醍醐天皇の親政について、少し経営の面から目を向けてみよう。

新しい経営をはじめるにも、また経営改革を行うにも、次のような手順がいる。

①目標をつくる。
②実態を把握する。
③経営(改革)の方法をうち立てる。
④改革主体を整備する。これには組織改善や人事異動などを含むが、特にブレーンの構成に意を尽くす。
⑤経営開始、あるいは経営改革の理論的根拠を構築する。つまり、理論武装する。
⑥具体的な方法を確立する。
⑦実行する。
⑧進行を管理する。
⑨業績評価を行う。

ざっとこんなことだろう。

安定した経営体なら別に問題はないが、新しく経営を開始する場合、あるいは大規模な経営改革を行う場合は、何と言ってもリーダーシップのとり方が大事だ。リーダーシップをとるべきトップの資質が問われる。そのためにブレーンの構成が重視される。

こういう手順を、大まかに分けると、前にも書いたが、

①こわす
②つくる
③まもる

というふうに分類されるだろう。後醍醐帝の第一次親政も同じであった。これは、新しい経営を展開するというよりも、むしろ古いものを壊す改革と考えた方がよい。今、掲げた手順に沿って、後醍醐帝の第一次親政を分析してみる。

①の目標の設定は、彼自身が後醍醐と生前からおくり名を決めたように、醍醐帝が政治を行っていた延喜《えんぎ》年間と、その後に続く村上帝が政治を行っていた天暦《てんりゃく》年間の経営方法に戻そうということである。事実、後醍醐帝は「延喜・天暦にかえれ」と言っている。

しかし、後世の歴史家が検討したところでは、この延喜・天暦の治世は、必ずしも理想的な時

代ではなかった、という評価がされている。そうなると、一体、後醍醐帝はこの延喜・天暦の治世のどこに、学ぶべき経営方法を発見したのだろうか。それは、

「社長独裁」

とも言うべき天皇親政にあった。即ち、延喜・天暦の治世における目的よりも、むしろそのときの経営方法に魅力を感じたのである。

天皇親政とは、幕府だとか、院政だとか、さらに朝廷内に摂政や関白などの役職者を置かずに、逆に言えば、天皇をがんじがらめに縛る存在をまったく置かないということである。だから、天皇は思うように自己の経営権を駆使できた。このことが、後醍醐帝にとって、相当な魅力に映ったことは事実だ。

次に、②として彼が天皇になった頃の実態を見てみる。後醍醐帝が天皇になったとき、あるいはそれ以前はまさしく、彼が排除したかった上皇、摂政・関白や幕府などが大幅に天皇の経営権を縮めて、桎梏《しっこく》となっていた時代である。天皇になること自体が、北条執権政府の介入による両統交代制によって、大覚寺統と持明院統の双方から、かわるがわる皇位につくことになっていた。

後醍醐帝も例外ではない。北条執権政府は健在だし、また身近なところでは、院政が頻《しき》りに行われていた。この時代は、天皇よりもむしろ退位した上皇の方が権限は強く、現天皇は名ばかり

の存在であった場合が多い。後醍醐帝の時代も、経営の実権を握っているのは後宇多《ごうだ》法皇であった。一三二一年に後宇多法皇が院政をやめるという宣言をした後に、はじめて後醍醐帝が思うように政治を行うようになる。現代にたとえれば、後醍醐帝は、はじめは名ばかりの社長である。まわりを会長や会長に直結する重役陣が囲んでいて、なかなか思うような経営をさせてくれない。さらに、本社の他に強大な実力を持つ支社が鎌倉にあって、これがまったく本社の言うことを聞かない。そういう状況だった。

③の改革方法として、後醍醐帝がとったのは、

・院政の廃止・摂政関白を退け、直属の側近を登用する。
・その側近たちが集結する役所を設けた(記録所)。
・足許の京都の体制を固めた。
・改革の理論的根拠を構築した。
・特に財政運営について、天皇の権限を大幅に伸ばした。

などである。

⑤の改革の理論的根拠は、何度も書いたように、儒教を持ってきたことである。特に朱子の唱える君臣の名分を正す、というところに根拠を置いた。この理論でいくと、

「君、君たらずとも、臣、臣たらざるべからず」

となる。

つまり、君というのは批判を許さない存在であって、たとえ統治者能力を欠いたとしても、臣の方は臣としての責任を果さなければならないという理屈だ。君にとっては大変、都合の良い理屈である。後醍醐帝はこれを持ち込んだ。こうして、⑥の方法の確立、⑧の進行管理、⑨の業績評価などに至るのだが、経営改革を進める過程で、思わぬことが生じた。思わぬことが生じたというのは、後醍醐帝自身の

「天皇の謀叛《むほん》」

であった。

天皇の謀叛――煙たい「北条政権を壊せ」

なぜ、天皇の謀叛というようなことが起こったのだろうか？　後醍醐帝が、

「延喜・天暦の昔にかえれ」

というスローガンを掲げて、経営改革に乗り出したのには、その目標がいくつかあった。

その中で院政は廃止した。摂政関白も重用しなかった。しかし、最大の桎梏《しっこく》である関東支社とも言うべき北条政権は、依然として存在していた。北条政権は京都朝廷とは別個の独立した武家政権であり、見ようによっては北条政権の方が日本の主権政府に見える。天皇親政を目標にする後醍醐帝にとって、北条政権は何としても取り除かなければならない存在である。

しかし、うかつに動けばあぶはちとらずになり、またその武力によってとんでもないことになりかねない。

つまり、経営の別な側面である、こわす・つくる・まもるの分類にしたがえば、後醍醐帝の経営改革の中にも、この三つが揃っていた。院政の廃止とか摂政関白を使わないなどというのは、こわす範疇《はんちゅう》に入る。そして、最大のこわさなければならない標的は、北条政権であった。この辺の帝の気持ちを忖度《そんたく》して、天皇と無言の連携をとりながら、一挙に、この壊し専門に走った側近がいた。

壊し屋になったのは、日野資朝と日野俊基である。同じ日野の姓を名乗ってはいるが、ふたりには親子関係もなければ、兄弟の関係もない。同族ではあったが、別々の家に生まれ育っている。しかし、ふたりとも非常に頭が鋭く、身分はいたって低かったが、後醍醐帝が特に一本釣りで自分の脇に置いた側近である。それだけに、ふたりとも周囲の視線を意識していたに違いない。

身分や生まれで、すべてを決める御所

御所というところは、まさに差別社会そのもので、身分の高い低い、生まれの尊い賤しいがすべてを決める。同じ公家の中にあっても、やはり上下があって、天皇の側で要職につくのは、生まれがよく、身分の高い者に限られていた。

そういう中で、例のない栄達《えいたつ》を遂げたのだから、周りの見る目は厳しい。嫉妬と羨《うらや》みの目が、毎日注がれていたことは想像に難くない。それだけに、ふたりは帝の恩顧に応えようとした。思顧に応えるというのは、帝が口に出さなくても、帝が心の中で、「こうしたい」と思っていることを、代わってやることだ。この頃、後醍醐帝が心の中で思っていても、なかなか実行できないのが、

「鎌倉の北条政権の打倒」

である。これは、親会社から独立した子会社が、いつの間にか親会社を凌駕《りょうが》するほどに育っていたものを潰すか、あるいは統合するか、ということと同じだ。

ふたりが中心になった努力で、北条政権打倒は日程にのぼった。まず、前に書いた無礼講、あるいは破礼講と呼ばれる会議を聞いて、ここで打倒の密計を練った。この頃、宋学を習うグループは、

「もう、観念的な学問を学んでも意味がない。それよりも、実践に役立つものを学ぼう」

と言って、いつの間にかテキストも、孔子・孟子のような理念の書よりも、孫子、六韜《りくとう》、三略《さんりゃく》などの中国の兵法書、特に謀略を主にしたものを読み合うようになっていた。この会議には、何人かの公家の他、足助次郎や多治見国長(四郎次郎)、それに、土岐頼員《よりかず》、船木頼春などの武士が加わるようになった。

練られた計画は次の通りである。
・毎年九月二十三日には、北野神社で祭が行われる。
・この祭では、必ず喧嘩が起こる。そのため鎮定役として北条政権の京都出張所である六波羅探題《ろくはらたんだい》の武士たちが出動する。
・そこで、六波羅武士の出陣を待って、その留守を狙い探題の北条範貞《のりさだ》を殺す。
・同時に、かねてしめし合わせた奈良の僧兵が、京都の入口である宇治と瀬田を固める。
・これらの指揮は、日野資朝と日野俊基がとる。
・軍事力には、飛鳥や土岐、但馬などの近国の武士が当たる。
強大な権力を誇る北条政権を倒すにしては、あまりにも小規模な反乱計画だ。日野たちの計画は京都を抑え、諸国の武士に呼びかけて、その協力を待つ、ということであったのだろう。そうであったとしても、やや理念と情熱に走ったきらいがあって、必ずしも成功を約束するものではない。

案の定、この計画は挫折した。というのは、計画に参加していた土岐頼員が、うっかり妻にこのことを漏らした。ところが妻の父は、六波羅探題の奉行、斉藤利行であった。悩みに悩んだ妻は夜中に六波羅に走り、父にこのことを告げた。

正中元年(一三二四)九月十九日の未明、六波羅から軍勢が出動した。多治見などの宿所を急襲した。土岐や多治見はあっけなく殺されてしまった。密謀の張本人である日野資朝と俊基も捕えられた。ふたりは鎌倉に送られることになった。驚いたのは、後醍醐帝だ。無礼講といい、破礼講といい、かなり世の中に知られていた会合であったから、それが乱痴気パーティーまがいのものであっても、集まっている連中が連中だ。

当然、世間が疑惑の目で見ていたことは間違いない。この辺に日野資朝や日野俊基の油断があった。油断があったというよりも、やや理念に走りすぎて、自分たちの行為を正当と思うが故に、現実的な警戒心を欠いたのだ。

このとき、もっとも後醍醐帝のために活躍したのが、万里小路宣房だった。万里小路は自分から鎌倉に下って北条政府に、

「帝は、この度の事件にまったく関係ありません」

と言い張った。北条政権は、どうせ帝もかんでいるのだろう、と推測はしていたが、万里小路がそこまで言うので、黙過《もっか》することにした。さすがに、

「もし、謀略がばれたら」

ということは、事前によく打ち合わせがしてあったらしい。

罪は日野資朝が、ひとりで背負った。全部自分ひとりで考えたことだ、と言い張った。そこで鎌倉では日野資朝ひとりを佐渡へ流罪にすることにし、俊基も京都へ帰した。もちろん、後醍醐帝はじめ側近群には、何の咎《とが》めもなかった。

ただ、次の天皇は、後醍醐帝は自分と同じ大覚寺統から出そうと考えていたのだが、これは実らなかった。鎌倉幕府はこの事件を機会に持明院統から量仁《かずひと》を皇太子に立てさせた。後醍醐帝の望みの一つは、こうして潰された。それだけに帝の反幕感情は、ますます募ったと言っていい。

もう一度謀叛——鎌倉幕府を打倒せよ

新しいニーズに対応するために、経営体が自己の体質を変革するにしても、その作業は、やは

り、

「古いものを壊す」

ことが完全に行われないと、なかなか実現できない。しかし、破壊面だけをあまりにも前に出せば、今度の正中の変のように失敗してしまう。そういう痛い経験をしながらも、後醍醐帝は、その痛さに懲りなかった。むしろ帝は、

「破壊を徹底的に行わなければ、自分の考える延喜・天暦に戻す経営は、不可能である」

ということを痛切に感じた。

そこで今まで、どちらかと言えば、建設に主力を置いて展開していた諸政策を、一時ストップして壊すこと、即ち鎌倉幕府を打倒することに全精力を注ぐ傾向を強めた。側近たちも懲りずに、たとえば一旦鎌倉まで連れていかれて、危く罪になるところだった日野俊基なども、また謀略の中心になって、謀叛計画を立てはじめた。側近群が謀略を練るだけでなく、諸大寺の僧も、

「北条氏調伏」

をはじめた。

最も勢いがあったのは、後醍醐帝の第三皇子護良《もりなが》親王である。親王は天皇の第三皇子だったが、天皇の命によって一旦、比叡山に入り、尊雲と名を改めて天台座主になった。そのため大塔宮と

呼ばれた。はじめから、比叡山の僧兵を天皇の味方に引き込むのが目的だから、彼はお経など読まずに武芸の鍛錬ばかりしていた。

真面目な坊主たちは驚いて、

「こんな座主は見たこともない」

と呆れていた。護良はわずか三カ月で座主の座を去り、還俗した。その後は弟の宗良《むねなが》親王が継いだ。帝の意図は明らかである。自分の息子たちを僧にしても、比叡山を味方につけたかったのだ。

この辺は、鎌倉から遠い状況もあり、また情報の入り方も日数がかかったために、現状認識が、今ほど正確ではなかったことによるだろう。それにしても、計画全体がどこか杜撰《ずさん》で緻密性を欠いていた。

が、たとえ杜撰な計画であっても、脇で見ていればハラハラする。止める者もいた。吉田定房がそのひとりだ。彼は何度か帝に、

「どうか、そのような無謀なことは、おやめください」

と言ったが、帝は初めのうちは聞いていたが、次第に聞かなくなった。そして、北条憎しの念が固まって、いよいよ謀叛グループに接近した。吉田はもうこれまでだと思い、密使を鎌倉に派遣して天皇の謀叛計画を告げた。その中で、

「日野俊基が主謀者です」

と書き加えた。

鎌倉幕府は激怒した。前回の謀叛計画に、帝がかかわっていたことは、はっきりしている。目をつぶってそれを見逃がしたのに、性懲りもなく、再び謀叛計画を立てるとは何ごとか。

「天皇謀叛」の報は諸国を走った。六波羅から押し寄せた軍勢は、主謀者たちを次々と捕えた。

そして、

「後醍醐天皇もどこかの島に流そう」

と言う強硬論が支配的だった。その情報が御所にも入った。帝は今度こそは逃れられないと覚悟して、比叡山に籠《こも》り、諸国の武士に声をかけて、まず六波羅を攻略しようと決めた。

が、六波羅の動きの方が早かった。先手を打って御所を囲んだ。帝は神器をもって辛《かろう》じて奈良に逃れ、笠置山に籠《こも》った。笠置山と言っても、高さ二〇〇メートルばかりの丘で、頂上へ行くまでの道のりは、わずか一キロである。

ただ、木津川に臨んだ天嶮《てんけん》の要害なのと、かけつける僧兵が少なくなかった。笠置山の寺そのものが城郭になっていたのである。しかし、この時点で帝を囲むのは、数人の腹心と僧兵である、言わば総会屋グループであったことはおもしろい。さらに帝を支援して、駆けつけてくるのは、楠木正成のような地方の商店主に等しいような小勢力である。しかも、楠木正成は当時、「悪党」と呼ばれ、都や大きな寺に運ばれる貢物を奪っては、それを一般に分けたり、あるいは自分のものとしているような、義賊《ぎぞく》まがいのことをしていた人物である。地域のブローカーのような存在だ。

後に建武政権を支える二代武力としての源氏の正統、即ち足利尊氏と新田義貞は、このときは帝に味方していない。していないどころでなく、帝に味方した楠木正成を攻撃するために、大軍を率いて河内に殺到している。

この反乱では、楠木正成ひとりがよく戦った。彼は、山岳におけるゲリラ戦が得意だったから、攻めてきた幕府軍をよく防いだ。また奇策でしばしば悩ませた。しかし、多勢に無勢である。笠置山も落城し、楠木正成はいずこかへ消えた。

帝は笠置山から、楠木正成の故郷である赤坂城に脱出するつもりでいたが、間道を歩いているときに幕軍に捕えられてしまった。北条氏は強引に帝に譲位させた。新天皇は皇太子の量仁《かずひと》である。光厳天皇だ。但し、この即位では、帝は新天皇に神器を渡さなかった。

吉田定房が、天皇の謀叛計画を密告したのは、元徳三年（元弘元年・一三三一）四月二十九日のことであり、天皇が笠置山に脱出したのが、八月二十四日のことである。そして、幕府が大軍を率いて河内の攻撃に移ったのが九月に入ってからであり、光厳天皇が即位したのは九月二十日であった。

その後、さすがの楠木正成も、大軍に囲まれて、城を落とされ、どこへともなく姿を消した。帝も脱出の途中捕えられ、六波羅に幽閉された。

厳しい鎌倉幕府の制裁

前関白、公家、僧が罰せられて……

この事件に対する鎌倉幕府の制裁は厳しかった。まず、真先に後醍醐帝が隠岐島に流された。そして、この流罪は鎌倉幕府が勝手にやったのではなく、花園上皇が許している。それから、約一カ月後、連累者《れんるいしゃ》に対する罰が下った。正中《しょうちゅう》の変《へん》のときは、日野資朝ひとりが流罪になったが、今度はそうはいかなかった。二条道平前関白をはじめ、二七人の公家と僧が罰せられた。中でも首謀者であった日野資朝と日野俊基は斬首された。また平成輔は梟首《きょうしゅ》されている。大半の公家たちは遠流になった。

この中には、武士がひとりもいない。これは北条氏側の帝一派に対する制裁の仕方の姿勢を表わしている。同時に帝側の謀叛計画に参画した層の性格も表わしている。つまり、今回の謀叛計画には、ほとんど武士を参画させず、すべて貴族が牛耳っていた。それは正中の変で武士を味方にしたものの、土岐頼員のような裏切り者が出て、

「武士はあてにならない」

という印象を公家たちが強くもったせいかもしれない。

鎌倉幕府を倒すということは、同時に、武家政権を倒すことなので、成功後のいろいろなことを考えると、あまり武士の力を借りない方がいいと思ったのかもしれない。そのために、笠置山に籠った後も帝が頼りにしたのは、楠木正成のような小豪族だけである。北条政権の息のかかっている名高い武士は、ほとんど味方にしていない。もちろん、武士たちも味方にはならなかった。

この辺に帝の一つのけじめのつけ方があった。つまり、味方にするには、やはり帝の扱いに感動して犬馬の労をいとわない、単純な地方武士の方が扱いやすかったからである。

いずれにしても、帝の第二次の謀叛計画も挫折した。そして、挫折しただけでなく謀叛グループも壊滅させられた。第一次親政の支え手が、壊滅させられてしまったのである。鎌倉幕府の今度の謀叛組に対する罰が重かったのは、その意味では、単に謀叛グループを罰したというよりも、天皇を助けてきた第一次親政の側近を、根こそぎ粛清してしまったということだ。これは明らかに帝の第一次親政の目的を知って、じっと見ていた鎌倉幕府が、謀叛をいいきっかけに一挙に親

政派を壊滅させたということである。

「破壊」という落とし穴

こうして、帝の第一次親政は潰れた。が、楠木正成に代表されるように地方商店主が、実質的な日本本社である鎌倉幕府に反乱の火の手を挙げるという結果を招いた。この辺が南北朝騒乱のわかりにくい複雑さである。

「歴史に、もしはない」

とよく言われる。確かに歴史というのは事実の積み重ねであって、その事実から離れた事実が存在するはずもない。ましてや我々のような大衆凡下が、よく言うような、たとえば、

「源義経があのとき、源頼朝に殺されなかったら？」

「豊臣秀頼が、大坂城で滅ぼされなかったら？」

「もし関ヶ原の合戦で、石田三成が勝っていたら？」

というのは、あくまでも空想の世界のことである。それが昂じて、たとえば源義経がジンギスカンになったり、豊臣秀頼が鹿児島に逃げて、その子孫が明治維新まで生き残って徳川幕府に報

復したり、あるいは、関ヶ原で徳川家康が殺されていれば、その後の状況がまったく違った、などと言うのは歴史の上では起こり得ない。

が、そうは言うものの、この「もし？」を後醍醐帝の経営にあてはめてみたら、どうだろうか。たとえば、第一次親政をそのまま続けていたら、どうだったのだろうか。

後醍醐帝は、確かに両統交代の桎梏によって皇位を継いだ。しかし、彼の政策展開は、かなり積極的であり、その一つひとつは実りつつあった。たとえば、院政廃止、記録所重視、税制改革、京都の足元固めや身分にこだわらない人材登用などは、かなり日本の国家経営に新風をもたらしたことは、事実である。

そして、そのことによって一種の活気が生まれ、上昇気流が生じていた。つまり、その上昇気流は、「建設」という多くの人々を前に向って歩かせるエネルギーを持っていた。が、帝の側近グループが、その「建設」をより効果ならしめるために、座標軸を移して、

「破壊」

に熱中してしまった。破壊というのは、常にその後の建設計画ないし、建設構想がはっきりしていなければ、意味がないということは前に書いた。

この建設構想抜きの破壊が、現在でもいかに企業経営の中で大きな落とし穴になり、あるいは

生命とりになるかという例を私たちは、しばしばみている。にもかかわらず第一次親政政府では、この破壊を重視したため、建設や維持管理を多少蔑《ないがし》ろにした。それが第一次親政の失敗の大きな原因であった。これは建武新政を考えるときに、前段の教訓として私たちにも多くのものを与えてくれる。

期待される新経営者、足利尊氏

「一所懸命」という価値観

後醍醐帝という人は、実にエネルギッシュな天皇であった。隠岐の島に流されたが、そのままじっとして歌を詠んでいるような真似はしなかった。天皇は、本土と連絡をとりながら間もなく島から脱出した。迎えたのは、伯耆国《ほうきのくに》（鳥取県）の豪族、名和長年である。

この辺から諸国の地方武士の蜂起《ほうき》が頻繁に起こるようになる。しかし、これは帝が隠岐の島から脱出したからそうなったのではなく、柿木正成が千早城や赤坂城で戦っている間から起こった現象である。

この辺は整合できない。一つの単純な運動法則によって起こった現象ではないからだ。複雑に絡み合っている。だから帝が隠岐の島から脱出したときは、第一次親政派が壊滅させられ、鎌倉幕府への謀叛派が断罪されたと言っても、それで諸国の地方武士は決して身を縮めなかった。むしろ反北条という形で反乱を起こしたのは、地方武士の方だ。後醍醐帝の本土帰還は、この地方武士の反乱の火に、大量の油を注ぐ結果になった。

そして、その最大の反乱は足利尊氏と新田義貞《にったよしさだ》の鎌倉幕府見限りである。

足利尊氏も新田義貞も源氏の出身だ。やや足利の方が格は高いが、いずれにしても、ふたりとも源家の正統として、関東の地方武士には圧倒的な人気があった。というのは、当時の地方武士にとってはまだまだ、いわゆる

「貴種尊重」

という観念が色濃く支配していたからである。

つまり、血筋を重んずるという気風が強かった。その意味では八幡太郎義家《はちまんたろうよしいえ》に端を発する足利・新田の両家は貴種として抜群であった。こういう人のもとで働くことに地方武士たちは生き甲斐を感じた。また、

「一所懸命」

という土地至上主義の価値観は、これもまた地方武士に共通する心理であった。同時にその一

所懸命を保障してくれるのは、単に武力だけでなく、その背後にある権威だということもよく知っていた。

ということは、ほとんど武力がなくても寺とか社とか、貴族とかが、その名において日本の土地をかなり支配していることを彼らがよく知っていたからである。はっきり言えば、彼らはそういう貴族や寺社が持っている土地を管理させられたり、あるいはその護衛を勤めさせられてきたわけだ。

したがって、権威のもつ力は徹底的に肌身に染みこんでいた。その意味では、足利尊氏も新田義貞も、武士階級を代表する一大権威であった。その両スターが公然と鎌倉幕府に謀叛を起こしたのである。

足利尊氏は生まれ故郷の丹波の篠山で、

「北条氏に背いて、後醍醐帝にお味方する」

と宣言した。これが、元弘三年（一三三三）五月七日のことである。五月八日、上野国（群馬県）の生品《いくしな》明神の社前で新田義貞も反北条の軍を起こした。まさか相談したわけではあるまいが、奇妙に足利・新田の反乱の時期が一致している。足利尊氏は京都に突入し、六波羅の北条勢を破った。

新田軍は鎌倉に突入し、北条氏の本拠である鎌倉幕府を滅ぼした。しかし、この辺からすでに足利・新田の主導権争いがはじまっている。

足利尊氏はなかなか目はしが利いていて、新田の鎌倉攻めには、四歳になる自分の子どもを総大将として据えた。どうしてそんなことができたのかと言えば、それまでの足利と新田の関係が足利の方が格上であり、鎌倉幕府ではかなり上位にいた。

新田は単なる御家人扱いを受けていた。その因縁が、そのときも尾を引いていたのだろう。しかし、間髪を入れずにそういう手を打つ足利尊氏は、言われているように、単なる逆賊ではなくなかなか先を見通すことのできる経営者であった。

その後のふたりの盛衰をみれば、はっきりしている。いずれにしても、足利・新田という旧鎌倉幕府幹部の裏切りによって、北条政権は滅ぼされた。後醍醐帝は勇躍《ゆうやく》、都に帰還した。楠木正成がその尖兵を勤めた。都に入った帝は直ちに、

「光厳天皇の存在は認めない」

「光厳天皇政府、即ち北朝の立てた元号は、元の元号に戻す」

「光厳天皇から官職を与えられた者は、全部その官職を奪う」

などという指示を次々と出した。都は大混乱に陥った。もちろん、その混乱の極にいたのは公家たちであった。

京都郊外の東寺に帝が到着すると、今まで光厳天皇に忠義を尽くしていた公家たちは、先を争って駆けつけた。帝は光厳天皇を否定しただけでなく、その皇太子も否定した。

つまり、関東支社の介入によって、自分は社長の座を追われ、約定による光厳にその席を譲ったのだが、その譲り渡しは無効だというのである。手続きとしては少し強引だ。たとえ鎌倉幕府の介入によったとはいえ、渋々ながら力に押されて、後醍醐帝も光厳に皇位を譲ったのだから、光厳は手続きを踏んで社長の座に着いたと言える。

しかし、隠岐の島から帰還した後醍醐帝はこれを認めなかった。つまり、異常な状況下で行われた禅譲《ぜんじょう》は禅譲ではないという考え方だ。譲ったのではなく奪われた、ということであろう。したがって都に戻った帝は、

「奪い返すのではなく、もともと自分にあった経営権を行使するだけだ」

という態度であった。

それにしても、哀れなのは公家たちである。こういうことは現代でも行われるが、お家騒動が起こったときに、新トップの元にかけ込んで、

「実は私は前々から貴方を支持していました」

などと言って、何とか新政権下における座を得ようとする。わずかな時間で、再び旧トップが

社長として復帰し、乗り込んでくると、

「私は、この屈辱の時代を、貴方が必ずお帰りになることを信じて努力しておりました」

などということを言いながら、なりふり構わず東寺の後醍醐帝のところに駆け込むような体たらくである。

しかし、公家というのはもともとそうしたもので、そういう恥知らずの生き方が、公家独特のマニュアルだったから、後醍醐帝が第一次親政でこういう公家を見離したのも無理はない。

そのために、日野資朝や日野俊基などのように、身分の低い公家であっても、帝の意図をよく解して火の塊のように忠誠を尽くしてくれる方が、どれほど頼りになるのかわからなかったのである。

が、再び都に戻った朝廷には、その右腕左腕とも頼む日野資朝・俊基の姿はなかった。彼らは、はるか前に殺されていた。日野資朝・俊基だけではない。第一次親政を支えた側近グループはひとりも残っていなかった。そのために後醍醐帝は、あらためて側近グループを一本釣りで探し、養成しなければならなかった。

経営一切は社長命令で執行

後醍醐帝の帰還によって、

「建武新政」

と言われる、帝の第二次親政がはじまった。それでは第二次親政と第一次親政とはその経営方法において、どこが違うのだろうか。ひと言で言えば、

「社長専制」

が第一次よりもより強まったということである。その最大のものは、

「これからは、どんなに小さなことからでも、すべて、私の許可によらなければ決定してはならない」

と宣言したことだ。つまり、ことの大小を問わず今後の経営の一切は、社長命令によってしか執行できない、ということだ。第一次親政のときには、まがりなりにも記録所や蔵人所を軸にして、そこの合議に基づき、帝は承認を与えるという形をとっていた。集団指導と言ってもいい。

また、関東にある鎌倉幕府の決裁権も認めていた。この決裁権があるがゆえに、帝は鎌倉幕府を憎み続けたのである。

経営権は本来、本社にしかない。それを子会社がいつの間にか奪い取って、親会社まで支配するようなことをするから、帝は猛り狂っていたのだ。しかも、それは形としては経営権が二分され、京都と関東の両方にあるような印象を持つだけでなく、一般には、

「鎌倉幕府の方が実権を持っている」

と見ていた。

この経営権奪取に、後醍醐帝がどれほど熱く身を燃やしていたかわからない。しかし、その鎌倉幕府は滅びた。足利・新田の活躍によって潰れ去った。つまり、鎌倉幕府の消滅は鎌倉幕府が持っていた経営権も消滅したということである。

したがって、その経営権はそのまま帝のところにきた、という解釈をした。院政を認めないことは従来通りであり、また摂政関白も置かないことも第一次親政と同じであった。今回は、さらに鎌倉幕府の経営権そのものが消滅した、という新しい状況が生まれていた。それを後醍醐帝はフルに活用した。許可による経営は、その現われである。

記録所というのは、もともと天皇親政の拠点であって、これは何も後醍醐帝のときがはじめてではない。しかし、後醍醐帝がそれを復活したということは、それまでの院政を否定したということになった。第二次親政下では、これをもっと強めた。

つまり、第一次親政では、記録所から天皇親政を表わすいろいろな文書が出た。今度はそれもやめてしまった。役所を通さずに、全部自分の親筆による許可書によって、ものごとを行うというふうに変えたのだ。

社会ニーズにそって実現するのが建設

もっと極端なのは、それまでに鎌倉幕府がやったことの中で、誤ちだと思われることはその決定を全部ひっくり返したことである。ひっくり返すには、当然、再審理が行われる。この再審理に帝は異常な情熱を燃やした。

鎌倉幕府は消滅したが、鎌倉幕府のやったことが、いまだに諸国に影響を持っていると判断したからであろう。

だから、鎌倉幕府は、こういう誤ちをたくさん犯している、ということを天下に表明し、それを、

「天皇の名によって改める」

と宣伝することが、新天皇政府の権威をいやがうえにも強めると判断したのである。

が、これも経営の目で見てみると、やや焦りすぎである。つまり、都に帰還した帝は、「破壊後の建設構想」に基づいて、むしろ「建設」にウエイトを置くべきであった。しかし、帰還後に帝がはじめた、

「すべて私の許可によらなければならない」

「光厳天皇およびその皇太子の否定」

「旧鎌倉府の行った裁判で、誤ちのあるものは再審理し、それを改める」

などの政策はすべて、

「旧経営の破壊」

である。建設というのはただやみくもに行われるものではない。そのとき、社会に漂っているニーズを的確にすくいとって、そのニーズを実現することが、即ち建設だ、ということは前に書いた。経営主の独断で勝手な戦略や目標を立てて、新しい体制や方法論を展開しても、客はついてこない。客のニーズにぴたっと適合しているときだけ、その建設が意味を持つ。また、効果を持つ。

後醍醐帝が展開した第二次親政は、果たして、こういう社会のニーズに適合していたのだろうか？　この点が非常に疑問である。破壊への傾斜が、第一次親政のときよりも、さらにスピード

が加わり、拍車がかかっているような気がする。

もちろん、それを助長するような空気が、主として公家の中にあったことは事実である。それは、こういうことかもしれない。

つまり、大覚寺・持明院の両統から交代で社長が選出されるという変則的な状況が長く続いた。その中で公家も、所詮は二つに分かれざるをえない。だから、この後に南と北に朝廷が分かれ、いわゆる南北朝時代が出現すると、同じ公家の家でも親と子、あるいは兄と弟が、それぞれ南朝に、あるいは北朝に分かれていく。

これは後に関ヶ原の合戦や、あるいは大坂の陣や、さらに明治維新のときに、各大名の家で父と子、あるいは兄と弟が、敵と味方に分かれて戦ったことと同じである。つまり、どちらか一方を生き残らせて家を安泰の座におこうという苦肉の策なのである。

同じことが後醍醐帝下の朝廷でも起こった。公家たちはそれまでは一部の者を除き、ほとんどが光厳帝に忠誠を誓っていた。というのは、後醍醐帝の側近は、全部鎌倉幕府によって粛清されてしまったからである。残党はそれほどいない。いればまたすぐ目に立つし、目に立てば追放される。

武士の不満に埋もれた新ニーズ

独裁者は「公」を忘れ、「私」を出す

いわゆる、ワンマントップとか、独裁者とか言われる経営者の特性を少し分析してみる。

①基本的には、周囲不信である。だから、定形化された組織や役職を重んじない。自分の言いなりになる人間を、一本釣りで集める。これは、別に身分とか職種を問わないので、傍目《はため》には、それが新しい「人材登用」に見える。が、一本釣りをしたトップの心の中には、必ずしも人間的な愛情はない。もともとが、人間不信からスタートした行為だからだ。

②周りを信用していないから、結局は、自分以外に頼る者がない。自己過信の傾向を強める。それは、自己権威の強調という形になって表われる。周囲を慴伏《しょうふく》させるのには、自己権威の強化以外ないから、裏を返せば、恐怖心を与えることによって周囲を統御するということになる。愛させるのではなく、恐れさせるのだ。

③したがって、とる手段が過酷で厳しくなる。特に、自分に敵対する者や陣営には容赦ない攻撃をする。

④人事その他、形に表われる統制では、敵対者に対する報復色が強くなる。

⑤自己権威の確立は、裏づけがなければならない。そのために自分の財政力の強化に多大な関心を持つ。

⑥こういうことを繰り返していると、結局は、経営者の責務が問われる。

・従業員の生活を保障するということ。

・そのために、活発に事業を行うということ。その事業には、必ず社会性・公共性があること。

だが、この二つを大筋として見失いがちになる。つまり、この二つには、言わば「公」の性格があるからだ。しかし、独裁者はえてしてこの「公」を忘れ、逆に「私」を前面に出してくる。この傾向は敏感に周囲が見抜く。多くの独裁者が嫌われるのは、このためだ。

それが「公」の次元で策が展開されている場合は、まだそれほどでもないが、私の面が前に出てくると、悪臭を放つことになり、独裁者の私欲が見え見えになるので、周囲が一斉にしらけるだけでなく、敵に回っていく。後醍醐帝の第二次親政も、よく見るとここに掲げたワンマントップの傾向が如実に表われている。

「これからの仕事は、すべて私の親書(許可書)による指示によらなければならない」

というのは、明らかに周囲不信の表明であり、また自己権威の強調である。

旧北条政権関係者への報復が厳しく、人事はもちろんその財産もすべて没収したのは、その表われである。それも現在だけでなく、過去に遡《さかのぼ》って北条政府が行った裁判の誤りを正し、それが地方武士の土地を取り上げる結果にもなっていった。

自己財政力の確立には、皇室領を圧倒的に増やした。そして親政実現に功績のあった貴族や、武士に対しての恩賞はそれほどなかった。しかも、その財産配分については正規の機関が行うのではなく、ことごとに帝の寵妃《ちょうき》などが口出しをした。これが親政の不評判をいやが上にも助長した。

一般武士への恩賞は、ほとんどなかった。一般武士で、帝に味方した者たちには自分の立てた功績を申告させ、その申告が正しいと判断したときは、

「今、持っている土地を与える」

と告げただけである。地方武士にとってこんなばかばかしいことはない。それだけではなかった。かつて北条政権が与えた恩賞は、全部没収した。また、帝の親書以外通用する指示はなく、役所が発行する文書が無効だということになって、従来の慣行(マニュアル)で生きていた武士たちは混乱した。

一体何がどうなったのか、と訝《いぶか》った。混乱はやがて不平不満に変わり、ましてや既得権の保障だけで、何ら恩賞もないようなことでは、武士が収まろうはずがない。

というのは、この頃の武士の価値観は功績に応じた恩賞を与えられることが楽しみだったから

である。彼らの関心は土地以外になかった。

「一所懸命」の思想は、その価値観をはっきり表わすものであった。それを否定されて、武士たちは続々と都に上ってきた。自分に加えられた不公平や、不公正を訴えて恩賞にあずかろうというのである。

しかし、帝の朝廷は冷たかった。恩賞方という役所を設けはしたものの、この役所の運営が、前に書いたように、一部の公家と帝の寵妃が牛耳っていたから、ここでは賄賂を使う者だけが恩賞に授かった。馬鹿正直に手続きを踏んでいる者は、見向きもされなかった。地方武士たちの不平不満はこうして、都と日本全体に満ち満ちた。

こういう状況をじっと見ていたのが、足利尊氏と新田義貞である。しかし、新田義貞は、貴族社会に自分を溶け込ませることによって、生き残る道を探ろうとした。足利尊氏は違った。彼は武士たちのこういう不平不満をドラッカーの言う

「時代の空気」

「時代のきしみ」

ととらえた。

今に通じる「生活保障は経営者の責務」

こうしたとらえ方は、武士たちの不平不満を

「新しいニーズ」

としてキャッチしたということになる。そして、このニーズに応えることが武士としての自分の責務ではないのか、と考えたのだ。つまり、経営者の責務である

「従業員の生活を保障すること」

というとらえ方をしたわけである。

このきしみは外部から起こったのではない。内部から起こってきたのだ。しかし、従業員内部からこういう嫌な空気が立ち昇るときには、必ずそれなりの理由がある。単に従業員が私心で不平不満を言い募るはずがない。そうであるならば、これだけの大勢力になるわけがない、と尊氏は判断した。そこで彼は武士の本念に立ち返って、

「このニーズに応えよう」

と思った。もちろん、そこには彼の野望が潜んでいたことも確かだ。

つまり、足利尊氏は武士の不平不満を、単なる不平不満ととらずに公的なニーズとして把握し

たのである。そう考えれば、これから行う反逆は決して反逆ではない、と彼は判断した。つまり、公的なニーズに応えて行うことは、すべて公行為と言っていい、と思ったのだ。

これには一理ある。というのは、彼がこのニーズに応えて実現した足利幕府(室町幕府)は、その後、曲折を辿りながらも、とにかく十五代続くからである。一方の新田義貞は、彼一代で滅びてしまった。それはやはり、

「主権の下降」

という歴史の法則を無視して、義貞自身が武士から貴族に上昇しようと考えたからだ。

これは、かつて平清盛や木曽義仲(源義仲の通称)や、あるいは源義経などが犯した誤ちと同じである。歴史の法則に逆らうとき、必ず天は制裁を加える。

後醍醐帝の果敢な建武新政下にあって、足利尊氏はすでに時代の一歩先を読んでいた。しかもその時代を変えるのは、このどろどろして教養のないパワーまる出しの武士層だと思った。それは彼自身が貴種の出身とはいえ、やはり関東の一豪族として、長く北条政権下で屈辱の生活を送ってきたからである。

新田義貞も同じだったが、彼の場合には、欲望がもろに出た。だから上昇街道を上っていったが、尊氏は、

「ちょっと待てよ」

と、自分をとどめてもっと拡がりのある目で社会を見たのである。

尊氏は行動に出た。六波羅に拠点を置いて、

「不平不満の武士は、相談に来い」

と宣言した。しかし、それは帝に対して、公然と役所を構えたのではなく、コンサルタントないしは、身の上相談者として、武士の不平不満を受けつけたのである。地方武士たちは、殺到した。それは尊氏が単なるホラ吹きやペテン師ではなく、新政実現に大功《たいこう》を立て、しかも源氏の嫡流という貴種の出身だったからである。これが尊氏の背光になり、権威にもなった。

殺到した武士たちは他の人間ならともかく、尊氏の言うことは、すべて信用した。尊氏もまた恩賞方に柔らかくねじこんでその非を正し、理由のある武士には、公正な裁きをつけてもらった。恩賞を与えるべき武士には、どんどん恩賞を与えてもらった。恩賞方の公家や寵妃たちは、俄《にわ》かな尊氏のこの行為に警戒の目を向けはじめた。特に帝の息子護良親王は別な意味で警戒した。それは、尊氏がここで武士を結集すれば、帝に対抗する一大パワーになり、かつての北条政権と同じような勢力になるとみたのである。

護良親王のこの観察は正しい。同時に護良親王のそういう鋭い視線を尊氏の方も敏感にキャッ

チした。以後、護良親王と足利尊氏は敵対者になる。そして、護良親王はやがて尊氏に捕えられ、鎌倉に送られて尊氏の弟直義によって殺されてしまう。

部下を食わせる義務を実践

足利尊氏のこの行動は、形としては、「北条政権、即ち、武家政権の復活」である。尊氏は経営者として、後醍醐帝の建武政権が、地方現場にいる武士たちのニーズに、必ずしも応えてくれないと判断したのだ。

一所懸命の価値観は、単純である。それは、主と従の関係でとらえれば、恩と奉公になる。恩というのは、主人が部下の生活を保障することであり、奉公というのは、それに対して部下が主人に労働を提供することだ。この恩を下せない主人は、部下からどんどん見限られた。戦国時代になって拡大する下克上の論理は、この恩と奉公の原理が発展したものである。

だからこの当時の各経営者にとって、部下を食わせるということは最大の義務であった。しかし、建武新政府はこの最大の義務を、武士に対しては必ずしも果してくれなかった。逆に部下の

持っている財産を取り上げるようなことさえした。足利尊氏は経営者として、その意味では、

「何よりも部下を食わせることが先だ」

という態度を鮮明にしたのだ。後醍醐帝の建武の新政は逆に、

「公共性のある事業の展開」

を、前面に出した。事業を推進すればその過程で自動的に部下も食える、という判断である。しかし、食えた部下は主に貴族だけであった。もちろん、武士の中にも楠木正成、名和長年、結城親光などが入っているが、彼らは、もともと北条政権とは何の関わりもない地方豪族だ。しかも楠木正成などは、悪党と呼ばれるような野盗まがいの豪族であった。北条政権には、何の恩義もない。したがって、帝から見れば自分の言いなりになる、と思ったのだろう。

足利尊氏の六波羅私設相談所は、いよいよ繁盛した。ここを通して要求されることがらは、ほとんど恩賞方が承認せざるを得ない雰囲気になった。そのため地方武士たちは、恩賞方を尋ねる前に、まず尊氏の六波羅私設相談所を尋ねた。

尊氏はこうして地方武士たちに恩を売った。後に尊氏は京都で大敗し、遠く九州まで落ちのびる。しかし、わずか二カ月か三カ月足らずで、たちまち捲土重来の勢いで東上してくる。その結果、帝政府を倒して足利幕府を開く。

それにしてもなぜ、それほどの短期間で、彼のリターンマッチが可能だったかと言えば、やはりこのときに培った恩の関係が、大きくものを言っている。

当時の武士が単純と言えば単純だが、今の感覚ではとてもとらえきれない。今と違って高学歴社会ではないからだ。多くの武士たちは、文盲同様で字も読めないし、書けもしない。自分の名を書くのが、やっとだったのだろう。

よくアメリカの西部劇で、開拓過程で土地の登記に字が書けなくて、サインや記号やあるいは拇印を捺したりするのと変わりはしない。十九世紀のアメリカでさえ、あのありさまなのだから、一五、六世紀の日本がそうであるのは、何の不思議もない。

「武士への蔑視と闘う」姿勢が人気に

足利尊氏が、人気を博したのは、もう一つ理由があった。それは端的に言って、

「帝政府員の武士に対する蔑視」

への対応である。つまり、武士に対する差別への対処だ。この風潮は根強い。

侍《さむらい》という言葉はもともと、「さぶらう」という言葉からきている。さぶらうというのは、はべる、

つまり、犬のように奉仕するという意味だ。そして、主人に危険が迫った場合には、身を挺《てい》してこれを守り抜く、というのが公家たちの武士観であった。

だから、犬はものを考えてはいけないし、また、口をきいてもいけない。普段叩かれても、イザというときは命がけで主人を守るのがその役目だ、という考え方が根強かった。こういう武士観は、後醍醐帝の建武新政当時も、決して変わってはいない。

が、ここに大きな誤算があった。というのは、確かに当時の地方武士はろくに字も読めず、書けもしなかったが、精神はどんどん発達していた。というのは、直接、生産拠点にいて富を扱うから、その行為を通じて知恵は発達していく。

つまり、商行為を行うこともままあるし、また領土を増やしたり減らしたりするときに、凄まじい闘争を展開する。当然、知略がいる。だから地方武士は京都の貴族たちが考えているような、昔日《せきじつ》の犬ではなかった。はるかに知的な生きものに変化していたのである。さらにこの時代から顕著になった人間の要望は、

「人格の尊重」

「自己表現の充足」

である。

下克上は、この二つを自分の手で実現したいということである。つまり、

「単なる生活保障」

だけでなく、

「仕事に生きがいを感じさせること」

が、経営者の役割になってきていた。経営者の役割になってきたというより、部下がそういうものを求めはじめていたのである。足利尊氏がキャッチしたのは、単に所領に対する欲望を充足したのではなく、所領に対する欲望の底にこの二つの人間的な欲求が、激しく燃えていることを察知したことだ。

だから、尊氏の身の上相談あるいは経営コンサルタントぶりは、この二つのことに着眼し、一人ひとりの武士のそういう欲求を大切に扱いながら、言わば、

「その武士の身になって」

解決策を示したことにある。また、口利きもした。これが受けたのだ。

これにひきかえて一方の帝政府員たちは、そこまで思いがいかなかった。彼らは権威と力を持ってすれば、このバカ武士どもは、全部抑えられると思っていた。が、武士たちは抑えつけられなかった。

すべての武士たちが都に来ているわけではない。相変わらず不平不満をくすぶらせたまま、地方にいて、新政府を非難・批判している層はたくさんいた。そして、その層は現実に反乱を起こした。

まず、所領を没収された旧北条系の武士たちが、各地で一斉に起ち上がった。それは建武新政府が、武士のニーズを満たす政府ではない、という判断をしたからである。

この状況は、さすがに建武政府を緊張させた。そして、それを力で抑えるにはあまりにも新政府が無力であることを知った。つまり、理念は先行していたが、力そのものはまだ充分に培われていなかったのである。

各地で反乱が起こるということは、帝が狙った新政府の権威も財政力・武力なども、まだまだ不充分だということを示していた。優れた経営者の一面を持つ後醍醐帝は、さすがにワンマントップだけあって、この辺のギアチェンジがうまかった。帝はここで、力で抑えるよりも懐柔するに限る、と考え、そういう策に出た。

まず、足利尊氏と新田義貞を抱きこんだ。彼らを武士の代表として、今度の功に対し、思い切って恩賞を与えたのである。

なぜ、足利幕府は消滅したのか

武士の貴族化が堕落へ

新田義貞は感動し、建武新政府への忠誠を誓った。が、足利尊氏は距離を置いた。彼は、恩賞は恩賞として受けておきながら、それは気前よく部下に分配し、むしろ鎌倉に拠点をつくることに勤しんだ。弟の直義を鎌倉に派遣し、着々と武家政権の根拠地づくりをはじめたのである。

そして、旧北条一族の残党の反乱が大規模になったとき、

「これを討て」

と帝に命ぜられたのを幸いに大軍を率いて関東に下った。が、尊氏は二度と都には帰らなかった。帰ってきたときは、帝に対する逆臣・逆賊に変わっていた。つまり、尊氏は関東に下って、大反乱者に自分を変えてしまったのである。

第一次の尊氏の反乱は、彼の大敗で片がつく。前に書いたように、九州に下った彼はすぐ捲土重来の勢いで都を落とし、遂に北朝を成立させる。後醍醐帝は都を落ちて、奈良に入り、そこで南朝を聞く。しかし、力関係は誰の目にも明らかであった。やがて足利尊氏の孫、義満の時代になって、南北朝は合一する。しかし、今の天皇が北朝系であることは歴然としている。

南朝は滅びた。つまり、後醍醐帝の王朝は滅び去ったのである。それを悼んで、江戸時代に水戸光圀が、『大日本史』を書き、南朝正統論を展開したのは有名だ。また、明治になって南北朝論が論議の対象になり、北朝を支持した学者や政治家が、次々と追われたのも有名な事件だ。が、考えてみればこれはおかしい。というのは、明治天皇自体が北朝出身であり、現天皇も北朝の出であるからだ。南朝を正統とし、北朝を批判する人たちは、歴史を正しく見ていない。足利尊氏が開いた足利幕府は、十五代で消滅する。消滅させたのは、織田信長である。なぜ、織田信長が、足利幕府を消滅させたのか?

それは、足利将軍家がいつの間にか武士の本分を忘れ、貴族化していたからである。源頼朝は、決して京都に拠点を構えなかった。支店は設けたが、本社はあくまでも鎌倉に置いていた。京都というのは、武士にとって魔の都である。武士が貴族化すると必ず堕落する。堕落するということは、武士経営者としての本念(初心・原点)を忘れてしまうことである。それは、部下の生活を保障する責務を忘れ、事業経営の公共性を忘れることである。

平清盛、木曽義仲、源義経は、そのいい例であった。そして、足利将軍家も後期になってこの誤ちを犯した。下克上の理念に燃える織田信長は、経営権の下降をそのまま歴史の法則だととった。

一地方豪族の出身である彼が、将軍家を廃して武家政権を確立するきっかけをつくったのは、さながら足利尊氏が関東の一豪族から出て天下をとったのと、同じ文脈を持っている。

「水は低きに流れていく」が、歴史の鉄則

ということは、太古以来、日本の歴史は常にこの、

「経営権」

を巡って上と下が争っているということだ。そして、一時は上がこれを取り戻すことがあっても、結局は下降する。つまり、

「水は低きに流れいく」

のである。川と同じなのだ。一時、海水のあまりが川の水を逆行させることがあっても、しかし、それはやがて自然の法則にしたがい、水は低い方へ流れる。それが歴史の鉄則である。主権、あるいは経営権についても、同じである。

建武新政のころ、足利尊氏が発見したのは、この「川の法則」であったのだろう。武士の不平不満は、単なる不平不満ではなく、時代の空気であり、その時代の空気は、武士たちの不平不満

が逆らえないニーズとして、公的な性格を持っていたということを、彼はいち早く発見したのである。それが彼に天下をとらせた大きな理由であった。

その点、後醍醐帝は優れた経営者であったが、この時代のきしみ、あるいは時代の空気を察知することができなかった。あるいはしなかった。

いや察知することができたとしても、あまりにも帝は、「武士嫌悪」の気持ちが強かった。だから、前に書いたように、独裁的な経営者の持つ特性を、いかんなく発揮してしまったのである。それが、建武の新政府をわずか二年半で消滅させた最大の原因だった。

しかし、この建武新政壊滅は、現代の経営を考える場合にも、いろいろ示唆に富んだ教訓を含んでいる。『太平記』という本は、この時代を書いた大変におもしろい史書だが、その信憑性はともかく、経営体に所属するあらゆるタイプの人間が出てくる。

その生きざまの多様性は、他の史書にはちょっとない。その意味でも、『太平記』そのものも、現代の経営書として、大いに役立つ本である。

第3章

なぜ、明治維新は複雑化したのか

「倒幕」が「討幕」にエスカレートするまで

「日本の三大政治変革」である明治維新

海外との関係性で変遷した時代

明治維新も、日本史における大きな政治変革事件である。大化改新、建武新政とともに、「日本の三大政治変革」と呼ばれる。しかし、大化改新や建武新政に比べると、事件の性格は相当、複雑になり、また登場人物も多い。

特に海外関係が事件の動因になり、終始、外国との関係がまとわりついたことは、明治維新の大きな特徴だ。だいたい明治維新そのものが外国との関係からはじまったと言ってもいいだろう。それはそれとして、明治維新の成立の過程を見ていると、やはり、

1. こわす
2. つくる
3. まもる

の三つのプロセスがここでも行われている。

そして、このこわす・つくる・まもる、の三工程が、

1．だれが
2．なにを
3．どのように

行ったのか、というとそれが大変に込み入ってくる。明治維新の成立過程は、
①個人レベルの議論からはじまった。それがグループ化した(いわゆる志士の群れ)。
②やがて、議論が方法論の模索に変わった。
③方法論をつきつめていくと、日本の政体(経営主体)の能力に注目するようになった。
④能力の注目も、まず人に向けられた。つまり、「トップに当事者能力があるかないか」の判定を下した。そして、現在のトップ(将軍)が、無能力であるということで世論が沸き、これを取り換えようということになった。
⑤しかし、この取り換えはうまくいかなかった。そこで、今度は、経営主体そのものに目が向いた。これは、
a現在の経営体を一部改革して使う改良主義。

b現在の経営体は、役に立たないので潰してしまい、新しい経営体を創設する。

ということである。具体的に言うと、aは、攘夷論か開国論かの論議である。これが昂じて、

尊皇論か佐幕論かに発展した。bは路線選択として、鎖国続行か、思い切って開国かの論義である。

c日本の経営権を独占している徳川幕府に対する注目である。そして、今の将軍や幕府にこの国難を乗り切る能力があるかどうかの判定でもあった。

d現在の将軍には、その能力がないと判断した。そこで、日本経営のトップとしての将軍を更迭するという案が出てきた。しかし、この時点では、まだ天皇の政府がいいのか、幕府がいいのか、という論議は必ずしも起こっていない。

eこの頃の日本の世論は公武合体が主だった。つまり、京都の朝廷と、江戸の幕府が合同して、国難に当たるべきだという改良主義がほとんどだった。やがて、この改良主義もうまくいかず、また、外国との貿易に目を向けはじめた雄藩が、貿易権を奪おうとして、その発想がやがて改良主義ではダメで、幕府そのものを潰してしまわなければダメだという倒幕思想に発展した。さらに、この「倒幕」が「討幕」にエスカレートした。

世間から問われた徳川幕府と将軍の能力

乱暴な辿り方だが、明治維新はこういうプロセスを踏んでいる。そして、これに関わりを持った人々の分類をすると、

②の「議論の段階」では、学者が前面に出た。

③の「方法の模索段階」では、いわゆる志士と呼ばれる人々が活躍した。

志士には幕府や藩に属さない、いわゆる浪人もいたが、それとともに、活動の自由を得るために、藩や幕府から脱した、いわゆる脱藩の士が多く加わった。

④の「経営主体の能力に注目した」というのは、この時点では、まだ京都朝廷は注目されていない。むしろ、徳川幕府が日本の唯一の経営主体だと思われていたから、当然、幕府に対する能力の有無の判定が中心になった。そして、その幕府のトップにいる将軍が、批判の対象になった。この頃の主題は、

「トップである将軍を誰にするか」

ということに絞られていた。

これは、熾烈《しれつ》な闘争をもたらす。結果、安政《あんせい》の大獄《たいごく》という報復的な断罪が実現する。この頃、

活躍した人々には、一般の庶民を除いて、ほぼ武士と名のつく者は、ほとんど動員されたと言っていい。特に、従来、幕政に参加することを許されなかった、いわゆる外様大名（豊臣秀吉の部下大名であった者が、その後、徳川家康の部下となった大名）が、かなり前に出てきた。おもしろいのは、徳川本家の第一次防衛線であるべき、いわゆる御三家が、この外様大名たちと組んで、一つの派を成したことである。

これに対抗して、いわゆる三河以来の徳川家の譜代大名たちが結束した。徳川幕府の閣僚には、この譜代大名たちが交代でなってきたから、今まで御三家と外様大名は、要職から締め出されていた。

それが、このときに譜代大名対御三家プラス外様大名というような対置図を生じた。そして、各大名や直参《じきさん》と呼ばれる徳川家の家来も、この二派に分かれた。大名の家臣群も、この二つに分かれたことは言うまでもない。

また、幕府や藩に籍のない浪人たちが、やはりこの二派に分かれて、それぞれ熾烈な闘いを展開した。安政の大獄は、この闘いの勝者の敗者に対する罰である。罰を下したのは、今の総理大臣に匹敵する大老の井伊直弼であった。井伊は、典型的な譜代大名である。

「人」ではなく「組織」を替える

⑤にトップを代える運動がうまくいかなかったために、その後の反対派の目は、今度は経営主体そのものに向けられた。つまり、気に入らない人間がトップに座ったのだから、その経営がうまくいくはずがない。

そもそも、誰が見ても役に立たないと思うような人間がトップに座るのは、そういう体質が、構造的にその経営体に潜んでいるからだという考え方になってきた。

そこで、今度は、「人」を替えるのではなく「組織」を替えるという運動が起こった。これが公武合体運動である。つまり、武士の政府である徳川幕府を改良するために、再び天皇を持ち出してきた。そして、天皇の威力を改めて誇示し、その力を借りて、自分たちの思うように徳川幕府を改良しようとしたのである。しかし、この時点では、まだ幕府を潰そうという考えはない。幕府を日本の主権政府として認めた上で、悪いところを切り捨て、良いところをはめこもうということである。

良いところというのは、もちろん、自分たちが擁立した将軍を拒否された派のことだ。大勢に押されて、徳川幕府も次第に、公武合体の改良主義に近づいた。そして、それは経営主体を損なわずに、そのまま温存できる唯一の道だと考えるようになった。が、この頃から公武合体を唱える雄藩の間に亀裂が起こった。それは、

「あくまでも改良主義でいく」

という派と、

「いや、改良主義ではなまぬるい。いっそ、今の幕府を消滅させて、新しい経営体をつくるべきだ」

という派である。前者は土佐藩、会津藩、薩摩藩、越前藩などがその中核になっていたが、後者は長州藩と薩摩藩である。薩摩藩は前者から急旋回した。

こういう様相を呈してくると、雄藩を支配するパワー層（権力層）が著しく下降した。上層部が、ほとんど退けられた。雄藩のリーダーはトップとして優れていたが、従来のことなかれ主義者やイエスマンではどうにもならなくなって、身分にこだわらない人材登用に踏み切った。

薩摩藩や長州藩がよく維新実現の主導性を発揮できたのは、この低身分層の登用が活発だったことによる。彼らの方がはるかにバイタリティに富んでいたからだ。また行動性があった。頭も良かった。したがって、経営主体の変革期に入ってから活躍したのは、主として各藩の低身分層である。

いわゆる下士層である。そしてこのことは、攻撃される側の徳川幕府にしても同じであった。

幕府もまた、従来の譜代大名や高級旗本では、到底、対処しきれなくなっていた。幕府自身も人材登用に踏み切り、低身分層を登用した。たとえば、勝海舟などはその典型だ。

大きく変わった時代を動かす力

個人より組織で考えて行動する

こういうように、学者・志士・実力者大名や幕臣・幕府並びに各藩の低身分層と、時代を動かす人々の性格が変わっていった。くわしく書くまでもなく、この変遷には、二つの特色がある。

一つは、

「理論から実行へ」

という流れであり、もう一つは、

「上位者から下位者へ」

という身分の流れである。これも、川の流れとみていいだろう。水は低きに流れゆくのである。

理屈ばかり言っても仕方がない、実行が先だ、という考え方に変わってきたことと、上の奴らは馬鹿で何の役にも立たない、エネルギーを持っているのは、下積みの人間たちだ、という権威の下降現象がここでも起こっている。

ついでに、維新の成立過程をもう少し別な角度から見てみよう。学者や志士は、言わば「個人」である。それが、同じ志を持つ者や、同じ論を唱える者がグループをつくるようになった。したがって、

「個人の時代」

から
「グループの時代」

へ移る。しかし、グループを結成してみても、しょせん、それはいわゆる「処士」だ。

つまり、組織人ではない。ところが、ある時代から、時世を先読みする雄藩人は、

「個人として活動するよりも、組織として動いた方が、はるかに得られるものが大きい」

と判断するようになった。これは一時期、藩を脱して、つまり、脱藩して志士の仲間に加わっていた連中に多い。

桂小五郎、高杉晋作、西郷吉之助、坂本龍馬などは、その典型だ。

彼らは個人の群に交わって、個人の凄まじいエネルギーを知るがゆえに、逆に、それが裏目にでると、今度はエライことになるということを知っていた。彼らは、時世を先読みしながら、再

び組織に戻った。組織の方もまた、今までのような、ことなかれ主義やイエスマンを排除して、やる気のある連中を広く求めていた。

組織に還ったこういう志士たちは、二度と志士を重用しなかった。適当にあしらいながら潰していった。維新のときに多くの志士たちが、組織人でないがゆえに、ほとんど壊滅させられたことは明らかだ。安政の大獄でも、ひどい処罰を受けたのは組織人ではなく、むしろ処士だ。

「組織の個人に対する迫害」がはじまった。したがって、個人・グループと辿ってきた維新実現者たちは、やがて組織人に発展していく。

それも、いわゆる雄藩と呼ばれた藩の人間がもっとも強力であった。志士としての経験を踏んだ下士と、それを抱えこんだ藩のパワーが相乗効果を起こして、一たす一は二にならなかった。乗算になった。たとえば、長州藩プラス薩摩藩は、一藩プラス一藩イコール二藩という結果にはならず、五藩、十藩以上の力を発揮した。

一時期は、長州一藩で日本国中を敵に回しても、逆にその戦争に勝つというような異常現象さえ生じた。これは、そこに蓄積されたエネルギーが、いかに凄まじいものであったかを物語っている。

エネルギーは、即ち財力である。すさまじい財政改革によって薩長両藩は、他藩の追随をゆるさぬほどの財力を保持していた。

「人材登用」「財力の蓄積」が幕府経営の柱

雄藩のその凄まじいエネルギーを形成していたのは、単に人材だけによるのではない。もっとも大きなものは、財力である。富である。つまり、それまでにその藩が蓄積してきた財力が大きくものを言ったのだ。財力があったからこそ、彼らは日本の諸藩や幕府に先がけて外国と密貿易をし、当時、地球上の最先端をいく新兵器を手にすることができた。それを握って、言いたいことを言いはじめたのである。当時、

「言いたいことを言うためには、武力を持たなければダメだ」

というのは鉄則だった。雄藩はこの鉄則を守った。そういう点では、彼らはなりふり構わなかった。特に長州藩と薩摩藩は、かつて攘夷の急先鋒であり、外国と直接、戦争をした。戦争の勝敗は五分五分であったが、長期の観点に立ってみれば、到底敵わないことを知っていた。文明の進み方が違っていたのである。彼らは、鋭くその文明の先進性を予見した。そして、

「この文明をとり込むことが、今後の日本の経営を主導する立場に立てることだ」と思った。だから、それまでの攘夷論を、いともあっさり放り投げて、たちまち開国論に踏み切ってしまった。しかし、そのことを表立って言えないから、表面は攘夷派を装いながら、内実では、どんどん開国作業を進めていたのである。密貿易はその典型だ。坂本龍馬の海援隊は、その手先である。

もちろん、守勢に立っていた徳川幕府側でも、この点にぬかりはなかった。雄藩で展開されていた、「人材登用」と「財力の蓄積」は、幕府の経営方針の二本柱であった。幕府はフランスと組み、その技術を導入し、また借款その他で富を増そうとした。

同時に各藩の専売品を、幕府の専売品に切り替えて、貿易権を独占しようとした。これに対して各藩は、特に雄藩は、果敢に抵抗し、貿易権を逆に藩の手に奪おうとした。明治維新は、この

「貿易権の奪い合い」

の一面を持っている。

もっとおもしろいことがある。それは、当時、誰が考えても日本の首都は江戸であった。この頃は天皇の存在は、あまり意味がない。天皇と公家は京都御所という京都の一画内にあって、日本の古文化をただ守る、という存在だというふうに考えられていた。

盛り上がる、日本の主権者は天皇という声

実権と尊崇《そんすう》の念とは、別の存在である。実権がないから、人々が敬わないというわけでは決してない。では、人々の生活に実際に役立つかどうかと言えば、これはまた別である。徳川家康は、「禁裏（宮中）法度」や、「公家法度」をつくって、京都御所に存在する人々を、文化の保持者として押し込めてしまった。

「政治は、すべて武家政権である徳川幕府の手で行うから、宮中の方々は、何ら心配をなさらずに、日本の古文化保持に勤しんでいただきたい」

と言って、体よく政治の場から追い出してしまったのである。つまり、京都御所の中に天皇や公家を押し込んで封印をし、鍵をかけてしまった。

それが、二百六十数年続いたのだから、何も知らない層は、

「日本の政府は、江戸の徳川幕府だ」

と思い込むのは無理がなかった。また幕府もそういう宣伝を二百六十余年間続けた。そして、今の自治体の長に相当する各大名がそういう態度で徳川幕府に接していたから、地域に住んでいる住民も皆そう思っていた。

各大名は、幕府の御機嫌を伺いに一年交代で参勤交代をするけれども、別に京都の天皇のところに挨拶に行くなどということはしない。実力のほどは明らかである。だから、京都は天皇の住む都ではあったが、政治上の首都ではなかった。日本人にとって、京都は京都見物という言葉に代表されるように、単なる観光の対象でしかなかったのである。

したがって各大名の支店も、ほとんど江戸に置かれていた。いわゆる江戸藩邸という形で、上・中・下という上屋敷、中屋敷、下屋敷の三つを幕府から与えられていた。断っておくが、各藩の藩邸というのは各大名の私物ではない。あくまでも土地と家屋は徳川幕府のものであって、それを一時貸与するという形で、各大名に与えていたのである。

ところが、この原則に反する現象が起こった。それは、志士たちが集結した京都が俄《にわ》かに、「政都」の色合いを深めたからである。それは、志士たちが、

「日本の主権者は、将軍ではなく天皇だ」

と言いはじめたからだ。これは水戸藩が唱えた尊皇の大義に拠るところが大きい。しかも、水戸藩の思想は、ずっと遡った水戸黄門で有名な徳川光圀の編纂した『大日本史』という本に基づいていた。すでに触れたようにこの本は、

「日本の朝廷は南朝が正統であって、北朝は正統ではない」

ということを書いたものだ。だから、足利尊氏たちは逆臣であって、その擁立した北朝は、否定されるべきだという論である。日本という国は、何回もこのことを繰り返している。考えてみれば、大化改新も、

「地方豪族の手から、天皇の手に経営権を取り戻す変革」

であり、建武新政も、

「武士の手に渡った経営権を、再び天皇の手に戻す運動」

であった。そして、一時期はそれが実現する。

しかし、また経営権はどんどん下降してしまう。つまり、水は低きに流れていくという歴史の原則にしたがってしまうのだ。明治維新も、結局はこの

「武士の手に移っていた経営権を、もう一度天皇の手に取り戻そう」

という運動である。だから、明治維新が、

「王政復古」

と呼ばれるのもそのためだ。

一学者や一志士たちが当初唱えたこの主張が、学者や志士がグループをつくり、朝廷や有力大

名に働きかけをすると、意外なことに、この論に賛同する者がたくさん出てきた。当時、幕府の外国への対応策が行きづまっていて、壁にぶち当たっていたからだ。そこで一種の精神主義が抬頭《たいとう》し、その精神主義は天皇に帰一した。そして、見果てぬ夢ではあったが、一挙に、

「ここで、幕府よりも、天皇の政府をつくった方が、対外政策も打開できるのではないか」

と、考えたのである。

財力と学力で見直される朝廷

各藩の「京都支店設立」がブーム？

天皇を中心にする対外政策というのは、はっきり言えば鎖国の続行である。攘夷というのは日本に近づく外国を全部打ち払って、相変わらず国を閉じたままの姿勢を貫こうということだ。歴史の流れに逆行する考え方なのだが、考えている方は本気で考えていた。

もう一つ、世の中の人々というのは、どちらかというと、

「わかりにくい論よりも、わかりやすい論」と、

「威勢の悪い論よりも、威勢のいい論」

に傾く。つまり、わかりやすくて威勢のいい議論に付和雷同《ふわらいどう》する癖がある。このときも同じだった。

尊皇攘夷論は、実に勢いが良かった。では、そのことが、一人ひとりの市民にとって、どういう生活上の利益がもたらされるか、ということは考えなかった。というのは、当時の世論を指導する、いわゆるオピニオンリーダーには、まだまだ一般の市民が参加するまでには至らなかったからである。

ある程度財力があり、あるいは学力がなければ、世論の指導者にはなれなかった。日本人の大部分は、まだ文盲である。ろくに字も読めないし、字も書けなかった。だから、そういう層に語りかけるのには、やはりわかりやすく、しかも景気のいい議論でなければならない。尊皇攘夷論は、日本の国論を真二つに割り、一大勢力を築き上げた。

そうなると、今まで軽視してきた京都朝廷の力が再び蘇《よみがえ》り、無視できないものになってきた。京都朝廷は、単なる日本の古文化の保持者ではなくなったのだ。政治の前面に出てきた。そして、それを利用する実力者も出てきた。こういう現象が起こると、すばしっこい連中はたちまち京都に押しかける。拠点を設ける。各大名の京都支店の設置だ。京都藩邸を設けることであった。

そして、この京都藩邸は江戸の藩邸とは違って、官給《かんきゅう》ではなかった。各藩は勝手に京都の中に土地を物色し、民家を買い取り、あるいは寺に寄宿し、さらに新家屋を建設するなどして、拠点の確保に狂奔した。

「各藩の京都支店の設立」

は、ブームになった。そしてこの拠点に有能な藩士を派遣して、

「京都留守居役」

と称し、情報の収集やその情報を分析して、

「我が藩は、いかに生きるべきか」

という方針を樹立させた。

したがって、京都留守居役は、当時の各藩を代表するスターであり、また彼らは資金を潤沢に持って花街に出入りした。つまり、情報は、そういう花街でしか得られなかったからである。ということは、彼ら自身もまた花街に出入りし、情報を流し、情報を吸収したからだ。だから、当時の京都は、各藩が争って建てた藩邸を拠点として、実際の仕事は、料亭その他の花街で行われたと言っていいだろう。

「本社機能」より「支社機能」を重視

桂小五郎、武市半平太、後藤象二郎、西郷吉之助などは、この京都留守居役《きょうとるすいやく》として活躍した連中である。かつて、幕吏《ばくり》にどぶ鼠のように追い回されていた孤独な志士が、今は雄藩を背景に、絹の着物を着て、堂々と大料亭で侃々諤々《かんかんがくがく》政見をぶち上げる存在にのし上がったのである。

しかし、これらの京都留守居役たちが、後顧《こうこ》の憂いなく活躍できたのは、何と言っても、国元の藩政府が注ぎ込む潤沢な活動資金があったからだ。彼らのことを社用族ならぬ、「藩用族」と呼んだのは、故大宅壮一氏だが、この見方は当たっている。それぞれの藩民が、高い税に悩み、塗炭の苦しみを味わっているとき、彼らは酒と女で、贅沢三昧の暮らしを送りながら、

「日本をどうするか」

などと、偉そうなことをほざいていたのである。これもある意味では、歴史の法則ならぬ社会の法則かもしれない。

世の中というのは、しょせん、組織に属している者が強いのであり、また貧乏人よりも金持ちの方が強いのだ。維新前夜の京都の様相は、この二つのことをはっきり示していた。当初、彼らの尊皇攘夷論のルーツになった学者や志士など、とっくの昔にどこかに吹っとんでしまった。何

か言えばむしろ邪魔にされ、殺された。暗殺もまた、これらの有力者たちが操っていた。

いずれにしても、この時期は、

「本社の所在地である江戸よりも、支社の所在地である京都ですべてが動いた」

ということと、そのことは、必然的に、

「本社機能よりも、支社機能が重視された」

ということである。だから、この現象を敏感に見抜き、自分の身の処し方を素早くやった奴がどんどん出世した。

「そんなことはない。いずれはまた、本社の天下になる」

と考えていた姑息な連中は、どんどん時代に置き残されてしまった。そして、維新では、支社に集中した権限は、二度と本社に戻らなかった。江戸が東京に変わり、東京が盛んになったのだから、再び本社に機能が蘇ったのだ、ということは言えない。

ということは、最初、政府の本拠は京都に置かれたからだ。東京というのは、「東の京都」という意味である。また現に、今の皇居に天皇が住んでいるが、これは、別に勅語や法律で決めたことではない。形としては、天皇はまだ、「ちょっと東京に行ってくる」というままになっている。ちょっと行ってくるが、すでに百何年になっているだけの話である。このことは、それほど京都を軸にした西側の人々が、天皇に対し、崇敬の念を持っているということだろう。

「東京に、天皇をとられてたまるものか」

という気持ちが強いのだ。この国民感情は無視することができず、明治政府と言えども、「遷都」を公に口にすることはできなかった。遷都論は論議されたが、しかし、それを法制化した事実はない。曖昧なまま百余年が過ぎている。

そして、東京が栄えているのは、東京に天皇がいるためもあるが、やはり政治・経済の中心になったからである。しかし、それは、前々からの江戸の性格が継続されたということではなくて、西の京都からその機能が東に移ってきたからである。

政治経済の機能は維新まで、京都が政治の中心であり、現実に、維新政府はまず京都に置かれた。経済の中心は大坂だった。だから、政治の中心が、東京に移ると同時に、企業も進出してきて、やがて本社を置くようになった。それが、現在の千代田区、中央区を中心にした東京への諸機能の集中現象なのだ。

ざっと分析してみれば、明治維新というのは、こういうことの集積である。だから、これだけでも、すでに、明治維新が政治事件というよりも、むしろ経済を中心にした事件だ、ということが言えるだろう。

同時に、この維新実現に参画した人々が、推進派であろうと、反対派であろうと、常に、「経営の立場で」

行動したことは明らかである。そこでそのことをもう少し、細かく見てみたい。

東洋の遅れた野蛮国、日本を開国せよ

ペリーに翻弄される徳川幕府

明治維新がどこからはじまったか、ということは歴史学者の間でも結論が出ない。天保改革あたりから、すでにその芽が出ていた、という説もある。が、一般的には、やはり、

「アメリカのペリーの来航」

を始期とする説が定着している。

「太平のねむりをさますジョーキセン　たった四ハイで夜もねむれず♪」

と歌われた四隻のアメリカ艦隊の来日だ。ペリーは、東洋艦隊の司令長官だったが、この頃、フィルモア大統領から、

「日本を開国させろ」

という至上命令を受けて日本にやってきた。が、ペリーは、特命全権大使ではあったが、もともと海軍の軍人だ。武力に対する信仰が強かった。そこで、

「東洋の遅れた野蛮国である日本を開国させるのには、恫喝するのに限る」

という考えをもった。だから日本の国法を楯に、

「外国との交渉は、すべて長崎で行う。長崎へ行ってもらいたい」

という幕府の要請を蹴って、強引に江戸湾に進入してきた。

そして、軍艦の砲門をぴたりと江戸城に定めたまま、強引な交渉を開始した。この勢いに恐れて狼狽する幕府を、市民たちは、前のような落首《らくしゅ》をつくってからかったのである。これは、日本人そのものの混乱ぶりを言い得てもいるが、同時に、おろおろして何の対策もとれない徳川幕府の弱腰も皮肉ったものである。

この弱腰が前に書いたように、

「今の徳川政府で、困難を乗り切れるのか？」

という疑問を国民的課題として、浮上させてしまったのだ。これが、後の倒幕運動につながっていく。つまり、明治維新とは、このペリー来航に端を発して、

「徳川幕府は、日本国民を幸福にできるのか、できないのか？」

という問題の答えなのだ。結果として、幕府はダメで、新しく天皇政府をつくらなければならない、というのがその推移である。

が、そんな政治的側面からでなく、たとえば、このペリーの来航事件そのものを見ても、こんなエピソードがたくさんある。それは、当時の首相(老中筆頭)だった広島県福山藩主の阿部正弘は、日本人には珍しい開明的な政治家だった。彼は、従来のような、譜代大名だけで形成された内閣では、到底この困難に対処することはできない、と判断した。そこで、

「譜代大名に限らず、たとえ外様大名でも、いい考えがあったら、遠慮なく申し出てほしい。大名に限らない。身分の低い幕臣でも、あるいは藩の家臣でも構わない。さらに、浪人でも町人でもいい意見は、どんどん採用する。その意見を出すために、必要な情報は、全部公開する」

と宣言した。これは画期的なことである。つまり、現在で言う、

①情報の公開

②国民の国政(経営)参加

の二つを前面に押し出したのである。情報公開というのは、まず、ペリーが持ってきた日本政府への国書を和訳して、日本国中にバラまいたことだ。また、後者の

「誰でも意見を言え」

は、言うのは簡単だが、当時としては大変なことである。

それは、コチコチに頭の固い幕府官僚にとっては、

「日本の経営は、三河以来の諸代大名で行われるものであって、外様大名は絶対に参加させない。まして、その外様大名の家臣までもその対象にするというのは、到底承認できない。阿部様は一体、何を考えているのだ？　ましてや、長屋の八公や熊公まで、経営に参加させるとは何ごとだ！」

という議論が沸騰した。が、阿部はこの頃まだ三十代だったが（彼は四十歳を目前に死んでしまう）、強引に自分の信念を押し通した。

前に書いた、「幕府における人材登用」は、阿部の発案である。この阿部の情報公開と、経営参加の回路設定に応じて、各大名や幕臣や陪臣（藩主の家臣）たちは、挙《こぞ》って意見書を提出した。しかし、その大半は、

「この際、朝廷と幕府が仲良くして、国力を養い、外国の出方を見ながら、柔軟に対応すべきである」

というようなものが多かった。まあ穏当な意見だ。

そして、事態はよたよたしながらも、この線で動いていった。長屋の八公・熊公にまで、意見を出して良いと言ったものだから、本当に意見を出す長屋の熊公・八公がいた。主に、商人が出

してきた。それも自分の商売と結びつけての案である。たとえば、

・外国の船は、水車式に大きな輪でくるくる回っている。だから、日本側は、縄をたくさん船に積んで行って、外国船の側に流すといい。すると、縄が外国船の輪にからみついて、船が動けなくなるから、そこを攻撃すればいい。縄は手前どもの店で全部調達いたしますから、どうぞ、御下命《ごかめい》ください。

・船に女郎を積んで外国船に参りましょう。そして、外国の水夫と、どんちゃん騒ぎをやって、女郎たちの活躍で、水夫たちが寝てしまった後、魚市場の若衆に出刃包丁を持たせて、水夫を襲わせましょう。女郎の手配と、魚市場の連中の動員は、一手に私がやらせて頂きます。もし、うまくいきましたら、新しい遊郭地をつくることをお認めください。

・御台場をつくると言ってもなかなか間に合いません。そこで、海辺に足場をつくって、千挺、二千挺の鉄砲を並べ、外国船の土手腹の一箇所を狙って、打ち込んだらどうでしょう。大砲の玉を打ちこむのと同じ効果を発揮するのではないでしょうか。足場づくりと、鉄砲の調達は、手前どもでいたしますから、どうぞ、御下命のほどを。

政治事件を経済事件にすりかえた商人感覚

よく図々しくも、こんな馬鹿な案を出したと思えるほどだが、商人たちは本気だった。というのは、当時、江戸の市中ではこんな落首が流行っていた。

「武具馬具屋アメリカさまとそっといい」

街中では、武器の値段が一斉に上がった。さすがに、「日本国土を守れ」という空気は、国中に漲《みなぎ》った。そこで、何と言っても必要なのが武器である。しかし、敵がどんな武器を持っているか、まだよくわからない。そこで相変わらず、昔使っていた刀とか槍とか旧式の銃とかが、埃を払われて蔵から出された。これを店頭に並べると、飛ぶように売れる。そこで武具馬具屋は、一挙に値をつり上げる。それでも売れる。考えてみれば、こうして武器や馬具が売れるのも、もともとはペリーが日本にやってきたからだ。そこで、武具馬具屋は、ほくそ笑みながら、「アメリカさま、どうもありがとうございます」と、胸の中で礼を言ったのだ。

にわかな武具馬具ブームをもたらしたのは、ペリーであった。こういうことを見ているから、他の商人たちも何とかして、ペリーの来航で儲けようと思った。前に挙げた三人の商人の提案は、そういう状況の中から生まれたものである。が、ここに書いたのは、こういう政治事件も、全部経済事件に変えてしまう、商人の感覚の抜け目のなさである。笑い話でしかないが、しかし、その底には笑えない、ある種の真理を含んでいる。この真理を土台に、少しまっとうな運動を、経済や経営の面から見てみたい。

士農工商というタテ社会の中の「商」

当時の開明的な人々は、ペリーが来航する前から、地球上の先進国の文明の高さを知っていた。特に、大砲や銃に代表される武器の優秀さを知っていた。だから、「日本の今のような武備では、とても敵わない」というのは、口には出さないけれど、常識だった。林子平や高野長英や、渡辺崋山たちが警告したのも、底には、この「武備の差」の認識があった。

そして、外国の武備を可能にしているのは、それぞれの国の商業であり、商業がもたらした富によって支えられる国力だということを知っていた。つまり、縮めて言えば、財力が文明を主導しているのだということを知っていたのである。

幕末にもこの、

「国力というのは国の財政力のことだ。国が富むということは、国の経済活動を活発にして、財力を蓄えることだ」

と考える人々もたくさんいた。

が、そうは考えても、当時の日本ではなかなかこれが行われにくかった。支持を得ることがむずかしかった。というのは、それまでに、徳川家康が幕府草創期に設定した、「士農工商」の身分制が、あまりにも根強く定着していたからである。

士農工商の身分制は、人間の身分を四つに分けて、これを定着させるということだが、形の上ではそうであっても、もっと深い意味がある。それは、日本人の意識をそういうふうに固めてしまうということであった。

世襲制を基本とするこの身分差別は、明治維新後も続き、現在でも完全に払拭されたとは言えない。特に、人の下につくられた人と、人の上につくられた人間の問題は、現在でもしばしば問題を起こしている。幕末時、

「外国に対抗していくためには、日本国は至急、国力を養い、武備を強化しなければダメだ。しかし、そのためには、国内の経済活動を活発にして、富を蓄積することだ」

というような説が成り立ったとしても、これを実行に移すのには、この士農工商の身分観が邪

魔をした。経済を活発にするということは、商業活動を活発にするということである。ということは、商行為を主体にした運営を前面に出すということだ。これが、士農工商制の秩序維持に大きく触れることになる。

現在も商行為に対しては、日本人のすべてがこれを肯《うけが》っているわけではない。中には、頭から、

「商人というのは、狡《ずる》賢こく、儲けしか頭にない」

という人がいる。

もちろん、そういう悪徳商人もいることは事実だが、本当に、社会性・公共性を考えて、事業を展開している人々もいる。が、この商人に対する一抹の悪印象が拭えないのは、一部商人自身の自覚のなさにも基づくが、それとともに、やはり徳川時代に培われた、この「士農工商」の観念に基づいている。まだどこか日本人の意識に、

「商人は卑しむ者だ」

という思いがある。現在でさえそうなのだから、ましてや、その制度が大きく幅を利かせていた徳川時代末期には、余計にむずかしかった。

しかし、むずかしいからと言って、そこを避けて通ったのでは、問題は解決しない。この本は、あくまでも経営の観点からみた日本の歴史的事件を扱っているので、明治維新でも、政治的に活

躍した人たちよりも、むしろ、経済的・経営的に活躍した人たちにスポットライトを当ててみる。

その代表は、梅田雲浜《うめだうんぴん》である。

幕末の経営コンサルタント梅田雲浜

「学者で志士」であるより「経世家で経営家」

梅田雲浜は、井伊直弼に睨まれて、安政の大獄のときには、一番最初に逮捕された人間だから、

「梅田雲浜は、学者(蘭学者)であり志士である」

というレッテルが張られている。その通りなのだが、それは雲浜の一面を指すものであって、彼の全体像ではない。本当の彼は、思想家というよりは、むしろ経世家であり、経営家であった。

この時期に彼が果たした役割は、各藩の経営コンサルタントである。彼の生まれ育った小浜藩(福井県小浜市)の隣国人で、これも安政の大獄で処刑された俊才、越前藩(福井県福井市)の橋本左内も同じだ。

橋本左内も、その風貌や実貌から、やはり学者的志士とみられているが、実はそうではない。彼は、優れた越前藩の経営コンサルタントである。もともとは医者だったが、彼の本当にやった

ことは、越前藩の経営改革であり、また横井小楠《よこいしょうなん》という熊本の有能な思想経済学者を招いて、自分の後に越前藩の経営改革を受けもってもらったことである。

橋本左内のことは、また後で書くことにして、とりあえず梅田雲浜の行ったことを辿ってみる。

梅田雲浜は小浜の出身だ。小浜の別名を「雲の浜」と言った。雲浜というのは、この小浜の別名からとった号だ。子どもの頃から頭が良く、学者として立つことを、本人も周りも期待していた。

やがて、彼は京都の望楠軒《ぼうなんけん》に入って学んだ。望楠軒というのは、楠木正成を望むという意味で、勢い、教育方針もそういう立場で貫かれていた。つまり、尊皇心を培養するのが大きな目的であった。雲浜は、子どもの頃から徹底的に尊皇思想を叩き込まれた。が、彼が関心を持ったのは必ずしも、そういう思想だけではなかった。

小浜は、もとは栄えた海港都市である。北前航路(日本海航路)の船が、しきりに出入りして、荷の上げ下ろしもかなり行われたし、特に、ここから琵琶湖の西岸を抜けて、京都に入る物流コースは、京都の台所にとって貴重だった。ここで日本海産の魚介やいろいろな品物が、北は蝦夷から、西は対島あたりのものまで荷上げされて、陸路、京都へ運ばれた。言わば、小浜は物流の大きな拠点であった。

そういうことを見聞きしていた雲浜は、子どもの頃から経済ということに深い関心を持った。

日本が産出する品物や、それがどういう経路で、どういう価格で売られるかということを具《つぶさ》に見ていた。

したがって、彼は思想家と言っても、単に空理空論をふりまわす象牙の塔の住人ではなかった。むしろ経済を地盤にして、それを方法論に採り入れながら理想を実現すべきだ、ということを考えていた。同時に彼は、尊皇家であった。そして、

「天皇に政権が戻り、幕府は倒れなければならない」

という考えを持っていた。しかし、天皇に政権を戻すとしても、今の天皇や京都朝廷にはその力がない。力がないというのは、武力もなければ財力もないということである。武力は財力によって購《あがな》える。

したがって、まず財力を養うことが先決だ、と判断した。京都に入って、彼はその尊皇思想のゆえに、志士たちの指導者になった。当時の彼は水戸の藤田東湖《ふじたとうこ》や、九州の真木和泉《まきいずみ》などとともに、尊皇思想家の一方の旗頭であった。しかし、彼は、そういう座に甘んじていなかった。はるかに行動家だった。彼は、

「今、日本の大名で、京都の天皇をもり立ててくれるのは、一体誰だろうか?」

と考えた。そして、

「それは長州藩主だ」

と結論した。

長州藩の尊皇活動は一貫していて、どんなひどい目にあおうとも、その初志を曲げなかったからである。潔癖性の雲浜には、この長州藩の姿勢が気に入った。そこで、彼はある策を思いついて、長州に出かけて行った。長州藩で会ったのは、重役の坪井九右衛門《つぼいくえもん》であった。坪井は後に、

「俗論党の首領」

と反対党からけなされるが、必ずしも、そう言い切られるだけの人物ではない。

彼は、経営家であった。だから、経済行為を重んじた。そのために士農工商の身分制に拘泥《こだ》わる連中からは、

「あれは武士ではなくて、商人だ」

とけなされたのである。しかし、そのけなしていた反対党、即ち自ら正義派と名乗る桂小五郎、高杉晋作、伊藤俊輔、井上聞多《ぶんた》(馨《かおる》)などの連中が、結局は、坪井の路線を引き継いで、藩を富ますことにつとめ、その財力によって武備を整え、徳川幕府に対抗していったことは有名である。

「藩営専売」を「官民共同の専売」にする

雲浜の策というのは、簡単に言えば、
「長州藩の産物を上方に輸出して、上方から長州藩で必要なものを輸入する」
ということである。天保年間から各藩の経営は悪化し、長年の矛盾が一挙に火を吹いて、ひどい財政難に陥っていた。この頃の藩は十割自治で、今のように国庫補助金や地方交付税などないから、藩は自己努力で財政に力を注ぎ、競って経営的才能のある武士が登用されたのは、そのためである。長州藩における坪井九右衛門も、その一人であった。

天保年間に長州藩では、大きな一揆が起こり、その痛手がまだ治っていなかった。坪井はその教訓を生かして、あまりにも民を無視して、武士政府だけの富を計れば、その経営は失敗すると考えていた。しかし、だからと言って、万民すべてに富をもたらすようなことを考えたのでは決してない。

彼が声をかけたのは、藩内の豪農と豪商の群れである。言わば藩内の特権企業家たちだった。この連中を使いながら、彼は官民提携という形で、藩の産品を一手に取り仕切ろうとした。つまり、他の藩が主としてやっている、

「藩営専売機関」を
「官民共同の専売機関」に変えた。

民を加えたところは、他の藩に比べれば多少、民主的だと言えるかもしれない。しかし、それは富を独占する商人群を抱え込んだだけで、実質的には、一部の者によって、藩製品を独占しようというのだから、どっちにしても、生産者自体は潤わない。

この藩専売機関の設立は、当時、西南各藩の流行だったらしい。佐賀藩や松山藩、對島《つしま》藩なども、次々とこういう機関を置いている。佐賀藩は、割合に進んでいて、すでに「佐賀商会」というような名称までつくっている。坪井の案は、そういう意味で言えば、現在の「第三セクター」というようなものだろう。「民間の活力を利用する」ということである。

しかし、いずれにしても、当時の藩が行う交易は、一方通行《ワンウェイ》であって、相互通行《ツーウェイ》ではない。また、基本的には、相互交流の貿易は、徳川幕府が独占していて、目ぼしい品物は大坂に集め、その売買にも幕府が干渉していた。だから、各藩では、自分の地域の産品を輸出するだけで、後は商人たちが取り仕切っていた。いわゆる藩出入りの商人群である。梅田雲浜の案は、これを藩の手に取り戻そうということであった。

つまり、藩が直接相手と交渉し、値を決めて、また必要なものも、その藩から買い入れるということである。ということは、幕府の取扱い機関を無視するということだ。かなり思い切った策であった。

つまり、当時の交易ルートは、徳川幕府が大きく介入した、言わば縦割回路である。それを雲浜は藩同士の「横の回路」に変えようというのである。「藩際交易」と、名づけられた。

この頃の長州藩は、かなり自分の足腰を鍛えて、生き方に自信を持っていたから、雲浜の案にのった。坪井は、藩の経済責任者として雲浜を長州藩の役人に任命した。交易を取り扱う役人である。雲浜はすぐ上方に帰り、京都や大坂や奈良の商人たちを説いて廻った。

京都の山口、小泉、松阪屋、奈良の辻、村島、岡山の三宅などが、この交易機関に参加した。長州側でも坪井が呼びかけて、藩内の豪農・豪商を約六十人動員した。そして、これらの豪農・豪商たちを、やはり藩の交易に従事する役人に任命している。

言わば、長州藩内の第三セクターと、梅田雲浜の私的セクターとが連携して、横の物流回路を構築したのである。長州から輸出される品物は米、塩、臘《ろう》、紙、それに干魚である。逆に、長州が輸入するのは、呉服、小間物、薬、材木などである。

仲間から軽蔑されるという誤算

梅田雲浜がこの策を長州に持ちかけたのは、その底にもう一つ目的があった。彼の目は、あくまでも、

「京都の天皇をもりたてて、その支えになってくれる藩の養成」

である。当時としては、あまり尊敬されない商業行為に、彼がのめり込んでいったのは、最終目標を、長州藩を富ませることによって、その富んだ財力で、天皇の力を増してほしい、ということである。

だから、彼は坪井にこの話を持っていったときにも、こんなことを言った。

「私の本意は、実は尊皇運動にある。長州藩にもたくさんの尊皇派の志士がおられる。そこで、これらの志士をこの物流機関に投入して、表面は経済活動に勤んでいるようなふりをさせながら、内実は、尊皇運動に従事させたらいかがでしょう？」

しかし、坪井はこのことには、のらなかった。坪井には、そんな考えはない。彼にとっての緊急の責務は、とにかく藩を富ませることだ。その富を天皇に捧げるなどということは、全然考えていない。そうなるくらいなら、一体何のために努力するのかわからなくなる。

だから、雲浜の真の目的は黙殺して、交易のほうだけを採り入れた。これは、雲浜の誤算だったと言っていい。そして、そのために、彼はそれまで非常に仲の良かった吉田松陰からも軽蔑される。松陰は、はじめは雲浜のことを、

「彼は、忠臣や孝子の講義が得意だ。まるで、忠臣孝子が裃《かみしも》を着ているような男である」

と誉めていた。が、やがて、

「梅田は、非常に策に富んだ商人のような人間だ」

と言うようになる。

これは、雲浜が長州藩に持ちかけた第三セクターの設置に対する松陰の偽わらざる感想であった。これは松陰にとどまらなかった。師の松陰がそういう考え方を持っていたから、松下村塾で学ぶ門人たちも、皆、雲浜を誤解した。そして、松陰の「雲浜は商人だ」という印象を、彼らもそのまま持った。だから、雲浜の真の目的が、

・坪井に第三セクターを設置させる。自分も参加する。

・つくった第三セクターに、吉田松陰門下の桂小五郎、高杉晋作、伊藤俊輔、井上聞多などを参加させる。彼らは松陰の教えを受けた筋金入りの尊皇派である。

・この連中を第三セクター員として、表面は商業活動に従事させながら、実際には、京都と長

州間の尊皇戦略を分担させる。

・雲浜は、上方にあって上方の商人を組織し、しかし、その商人たちも実態は、イザというときは「尊皇倒幕運動の資金を出し、あるいは私兵を養成し、参加する。

ということにあることを理解しなかった。

雲浜流は「汚なく儲けて、きれいに使うこと」

それに、相手が坪井であったために、第三セクターや上方機関の設立は実現したが、吉田松陰門下の第三セクターへの参加は実現されなかった。さらに、松陰が雲浜に甚だしい悪印象を持ってしまった。

もっとも、雲浜が本音を松陰に告げたとしても、理解されることはムリだったかもしれない。松陰は潔癖な人物である。雲浜のやり方は、今で言えば、「汚なく儲けて、きれいに使う」ということだろう。しかし、松陰は、卑しくも尊皇倒幕運動に使われる資金は、やはり浄財でなければならないと思っていたに違いない。

資金もきれいでなければ困るのだ。汚れた金を濾過《ろか》したからと言って、その金がきれいになる、という考え方は、松陰のとるところではなかった。そのために、この第三セクターの運営はちょっと印象の悪いものになった。しかし、この第三セクターが、長州藩と上方セクターに富をもたらしたことは事実である。というのは、生産拠点に全然還元しないで、中間の第三セクターが、その儲けを独占してしまうのだから、これは当然だ。

つまり、結果として雲浜の設立した第三セクターは、言わば生産者たちからのピンハネ機関になったのだ。このことが、長州藩内でも問題になった。というのは、いよいよ生産のスピードを上げさせられながらも、見返りが何もないから、農民たちが大いに不満をもった。そして、その農民を束ねる地主たちも、このセクターには反感を持ちはじめた。

このころの生産物は次々と付加価値を生んでいたが、その剰余価値はすべて第三セクターが独占してしまう。地主たちは、従来、自分たちが農民から搾取していた利益をそっくり第三セクターに持っていかれてしまった。ここで、長州藩内では、農民対商人の対立がはじまった。そしてその先頭には農民の代表として、土地所有者としての豪農、商人の代表としては豪商が立っていた。従来の対立は、貧農対富農とか、あるいは小商人対豪商というような図式だったが、これがそうではなくなったのである。もっと対立の範囲が広がってしまった。

そしてこのことは対立だけですまなかった。藩内の政争を生んだ。坪井一派に対して、吉田松

陰門下生が立ち上がった。彼らは自分たちを正義派と呼び、坪井一派を俗論党と呼んだ。そして、

「俗論党の首領坪井九右衛門は、すでに武士ではない。彼は、まるっきり商人である」

と罵《ののし》った。吉田松陰門下のこの反撃は、敵の中に梅田雲浜も含むことになる。雲浜の立場は微妙になった。坪井もまた雲浜を持てあましていた。

というのは、第三セクターの経営が軌道にのると、雲浜は頻《しき》りに、

「本来の目的である尊皇運動を日程にのせるために、早く松陰門下の志士たちを、第三セクターに加えろ」

と強調してやまない。しかし、坪井と正義派とは、もともと肌が合わない。敵対関係にある。そういう連中に呼びかけるのはいまいましい。また第一、正義派の連中が参加するはずがない。真っ向から、

「坪井は商人である」

と言っているではないか。

「そういう事情をこの男は、まったくわからないのか？」

と、坪井は坪井で雲浜に腹を立てていた。長州藩内の政争は拡大した。やがて坪井は藩政府から追われた。代わって、正義派の周布政之助《すふまさのすけ》が中心になって、正義派政府をつくった。

正義派政府は、直ちに第三セクターを廃止した。そして、今まで不満の声をあげていた農民側の立場に立つ経営に切り替えた。と言っても別に、下層農民の味方になったわけではない。つまり、生産者に、富を還元しようということではなかった。生産者の代表である豪農を中心にした経営に切り替えたのである。豪商が豪農に代わっただけだ。生産者は、相変わらず重税に苦しめられた。それだけではなかった。奇妙なことが起こった。

新しい正義派が権力を握る

第三セクターの看板を利用した藩政府

驚いたことに、新しい正義派による藩政府は、豪農の立場に立ちながらも、第三セクターの看板を塗り変えて、自分たちで運営をはじめたのだ。そして、この新第三セクターに吉田松陰門下がそっくり参加した。

桂小五郎も伊藤俊輔も井上聞多も高杉晋作も、「越荷方《こしにかた》」という役所の職員となり、このセクターで活動した。そして、藩から飛び出して上方に行き、交易作業に従事した。が、この交易作業はあくまでも表面的なものであって、それは世間を誑《たぶら》かすものであった。実態は、勤王運動をはじめたのである。この連中は、かなり前から過激派として幕府に目をつけられていた。

一時期は、桂小五郎も高杉晋作も、政治犯人として全国に指名手配された。簡単に動けない。旅をするのにも、いちいち藩庁に届け出て、許可をもらわなければならない。その頃の旅は、剣術を修業に行くとか、学問を習いに行くとかでなければ、藩の外には出られなかった。しかも受け入れ側の証明書がなければならない。それが、この藩の交易機関の機関員であれば、

「交易のために上方に参ります」

と言えばそれですむ。その実、京都に潜入して、在洛の志士たちと連絡を取り合い、尊皇運動の実を上げようというのである。

何のことはない。これは、梅田雲浜が考えた策と、まったく同じだ。

その策を発案者の梅田雲浜をそっちのけにして、案だけを頂戴して、実行しはじめたのだ。雲浜がどういう感じを持ったかよくわからない。というのは、その後の雲浜は、別なことに巻き込まれていたからである。

別なことというのは、当事者能力のなくなった徳川幕府のトップである将軍を一体誰にするか、という運動に彼も参加させられてしまったのだ。参加させられたというよりも、そういう問題に対して、黙っていられる性質ではないから、彼自身が積極的に飛び込んでいったのだ。

押しつけがましい精神主義はいらない

　彼の将軍擁立運動に対する活動は、目覚しかった。もともと雲浜は学者であり、望楠軒の塾長にもなっていたから、京都朝廷の公家の間にも自由に出入りできた。彼は特に中川宮に接近し、自説を説いた。中川宮は雲浜の説に感動し、雲浜たちが考えている次期将軍候補者を、積極的に応援しようと約束した。

　雲浜のこの頃の立場は、前に書いた、いわゆる政権の蚊帳の外におかれた「御三家と外様大名連合」の派である。当時、この御三家と外様大名派が擁立していたのは、一橋慶喜である。後の十五代将軍徳川慶喜《とくがわよしのぶ》だ。この頃のこの派は、慶喜が後に示すような優柔不断で卑怯な男だとは思わないから、一所懸命、彼を応援していた。

　これに対して、井伊大老を中心とするいわゆる譜代大名派は、徳川慶福《よしとみ》を推していた。慶福は当時和歌山藩主だった。譜代派が推すのは、

「慶喜よりも、慶福の方が徳川宗家の血筋に近い」

　というのが理由である。この派は、

「将軍は、別に能力の有無で選ばれるのではない。血筋が近いか遠いかだ。将軍を誰にするかは、

徳川家の内部問題であって、外様大名まで参加させて議論することではない。大きなお世話だ」と主張していた。何もない時代ならそれで良い。たとえボンクラでも、重役たちがしっかりしていて、

①部下の生活を保障する。

②そのための事業を展開する。その事業には社会性・公共性がある。

という経営体としての責務が守られていれば、別にトップが能力に欠ける存在であっても構わない。が、井伊たちの論理は違った。彼らは、あくまでも武士の立場に立って、

「君、君たらざれども、臣、臣たらざるべからず」

という考え方を強く持っていた。

その武士も政治者として民に対しては

「民は由らしむべし、知らしむべからず」

で臨み、この鉄則を守る幕府としては、

「トップがいかにボンクラでも、部下は部下の本分を尽くさなければならない」

というのである。

しかし、この理屈が通用しないものであることは、すでに書いた大化改新や建武新政によって

も明らかだ。そういう押しつけがましい精神主義、いわゆる上にとって都合の良い論理は、もう下には通用しない。特に生活の保障が保たれない場合に、部下は一斉に反乱する。これは当たり前だ。部下を食わせられないトップなどあるものではない。それを精神主義でごまかして、時にニコポンを活用しながら、

「俺は至らないけれども、お前たちでよろしく頼むよ」

などという経営者は、もはや経営者ではない。幕末の、各藩あるいは徳川幕府におけるいろいろな紛争は、すべてここに端を発している。

そして、中世や戦国時代によく言われた、いわゆる、

「下克上の論理」

も実は、この部下の主張である

「働く以上、俺たちを食わせろ」

という切実な主張がその根拠になっている。単に反乱だと決めつけるわけにはいかない。

それは、建武新政のときに見た足利尊氏が、逆賊だと言われながらも、いかに地方武士たちに人気があり、彼が天皇政府に一旦は敗退しながらも、わずか二、三カ月でたちまち捲土重来が可能であったことから見ても明らかである。それは、尊氏のリーダーシップが優れていたというだ

けではなくて、彼を支持する層が非常に厚かったからである。層が厚かったというのは、支持する層が、

「この人についていけば、我々の生活を安定させてくれる」

という期待があったからである。

幕末も同じだ。いや、幕末に限らずいつの時代でも同じなのだ。くどいようだが、このことから視線を逸らす経営者は経営者ではない。そして、この、「食わせること」ということを、何か次元の低い、また精神の汚れたもの、というふうに考えるのは間違いだ。それは、トップ人事のもつれを、すぐ権力争いだとか、謀略だとか言って片づける一部の風潮に似ている。

形は、そういうものであっても、内実は決してそうではない。それは、経営者の責務を認識すればするほど、

「この経営者で、果してその責務が完遂できるのだろうか？」

という危惧を持つからそういう騒動が起こるのである。日本の人事にまつわるできごとを、すべて謀略一辺倒の目でみるのは、これまでの古いお家騒動の見方に影響されている。

お家騒動はすべて相続人争いであり、善玉と悪玉が入り乱れて闘い、結局は善玉が勝ったなどというのが、おおかたの結末だが、そんな単純なものではない。お家騒動のすべてが、

「経営改革派」と
「経営改革に反対する派」

との凄絶な闘いなのだ。そして、どちらも心から、

「その企業の経営責務」

を自覚するからこそ、闘いが起こる。それを隠湿な面だけでみるのは、片寄りすぎている。が、今はそのことに深く触れない。

相談相手として重宝されるブレーン

梅田雲浜が吉田松陰たちから、「汚れた存在」と見られたのは事実だ。これは、雲浜にとっては、大変不本意なことであった。しかし、士農工商制の社会では、どうにもならない。違うんだ違うんだと喚《わめ》いてみても、そう見ている側が、その印象を改めない限り、喧嘩にならない。

そうなると梅田雲浜は、別なことをして、そのことで実績を上げ、張りつけられた悪印象のレッテルを自らはがさなければならない。そのレッテルはがしの仕事が、たまたま京都に戻って遭遇した、

「次の将軍を誰にするか」

という候補者争いの事件であった。

人間がものごとを成し遂げるモチベーション（動機づけ）は、愛や信頼よりも、憎悪、怨念、不信に基づくものの方が、パワーとしては強い。これは歴史が証明している。人の行動は人を愛するよりも憎んだり怨んだりする方が、潜在パワーを掘り起こすのだ。

このときの雲浜が、この将軍の継嗣事件《けいしじけん》に夢中になったのは、何と言っても、長州の第三セクター問題で、自分に貼りつけられた悪いレッテルをはがしたい、という気持ちが強かったためである。

坪井が運営した第三セクターは、まがりなりにも機能していた。そのために坪井は、雲浜の提唱する「第三セクターへの勤皇志士の参加」は、実行しなかったが、代わりに儲けの一部を回してよこした。

つまり、バックというか、リベートを送ってくるのである。が、雲浜はこれを返さなかった。もちろん、自分が全部着服したのではなくて、京坂にいる上方の志士たちの運動資金に提供したのだ。そのために、雲浜の株は上がった。頭が良くて、鋭い学説を唱えるだけでなく、金まで出すのだから、評判が悪くなるはずがない。梅田雲浜の名は上がった。

しかし、彼を誉める者ばかりではなかった。貶《けな》す者もいた。というのは、昔の雲浜は、

「妻は病床に臥し、子は肌えに泣く」

と言われるほど貧乏で有名だった。しかし、彼は貧乏などものともせずに、自説を唱えて回った。その姿には、一種の貧しさの美学があった。その美学に圧倒されて、その純粋性や高邁《こうまい》性に感動する後輩がたくさんいた。梅田雲浜は、泥沼のような当時の京都にあって、りん然と咲く一輪の蓮の花であった。真白で、辺りを睥睨《へいげい》し、実に美しかった。

それが、いつの間にか商人まがいのことをはじめ、梅田商会をつくって、長州藩の儲けからリベートをとっている、という噂が流れた。

雲浜も、多少は自分の生活費に坪井からの金を回した。彼の生活の質が上がった。具体的に言えば、飲み食いするものや衣類・装飾品の類も、大変に高価なものに変わったのである。こういう雲浜を見て、かつての後輩たちは失望し、落胆した。

「昔の梅田先生は、どこへ行ってしまったのだ?」

と嘆いた。

が失望し、落胆している層は、まだ純粋である。もっと意地の悪い見方をする者がいた。それは、彼の金持ちぶりを羨《うらや》む層である。同じ貧乏浪士の仲間から出て、一人だけ抜きんでて贅沢を

していれば、当然、その金の出所に目がつけられる。

「いったい梅田はどんなつるをつかんで、あんな贅沢ができるようになったのだ？　少しは俺たちに回してもいいだろう」

と、考える下衆《げす》もたくさんいた。だからこそ、梅田雲浜は、坪井からもらったリベートを、次々と資金に提供したのである。が、提供しながらも、今度は雲浜自身が昔のように、虚心坦懐《きょしんたんかい》な気持ちで提供できなくなった。

「この金を出せば、こう思われはしないか？」

「もっとしつこい奴は、金の出所を追及しないか？」

「第三セクターの性格や、業務状況を細かく聞かれはしないか？」

と、今までまったく考えもしなかったようなことを考える。つまり、疑心暗鬼になって、人の心の裏ばかり読むようになる。これは、実に堪《こら》えられなかった。こういう堪えられなさを振り切るためにも雲浜は、京都に戻ってから、異常な情熱で、尊皇運動に邁進していったのである。が、あまりにも異常な活動は、当然、幕吏の目をひく。

その頃、徳川幕府の責任者である大老井伊直弼は、自分の腹心長野主膳《ながのしゅぜん》を京都に派遣していた。長野は、井伊の不遇時代からの国学の師で、また個人的にも井伊の不平不満を聞き、よき身の上相談相手になっていた人物だ。しかし、組織に生きたことがないために、やや孤高狷介《ここうけんかい》の性癖があった。

これは幕末の実力者たちが、好んで用いたブレーンに共通するひとつの特性である。幕末は動乱の時代であり、同時に、「ブレーンの時代」でもあった。このブレーンは、組織人をそのまま登用した例もあるが、まったく組織と関わりのない、言わば、「流れ者」を登用した例もたくさんある。徳川斉昭のブレーン藤田東湖や、松平慶永のブレーン橋本左内は、組織人のブレーンだったが、井伊のブレーン長野は、典型的な流れ者の出身である。

別に流れ者が悪いというわけではないが、組織万能の時代に移行しつつあるこの時代に、組織人から見られる個人の立場というのは、だんだん変わってくる。それだけに、個人出身のブレーンたちは、よけい自分の職責に情熱を注ぐ結果になる。つまり、周囲の視線を意識すればするほど、実績を上げなければならないという気持ちになる。

長野は、時の権力者井伊のブレーンであったが、梅田雲浜は、そこへいくと背景がない。一介の浪人学者である。しかし、彼は、大手を振って御所に出入りできる存在であった。言わば、肩で風を切って京都の街を歩ける存在であった。それが、同じ浪人学者出身の長野の癇にさわった。

しかも、やっていることは、敵側の将軍候補者を推すことだ。さらによく調べてみると、梅田は梅田商会のようなものをつくって、上方の商人群と結託し、長州藩と、密貿易に似たようなことをやっている。しかも、そのピンハネをして、リベートを受け取っている。

「口に尊皇の大義を唱え、裏では商人と結託して、その汚れた金を着服している、けしからん奴だ」

と思った。それだけに、雲浜に対する長野の憎しみは強まった。彼は、井伊に報告した。報告書には、

「京都には、四人の悪謀の天王がいる。その先頭に立つのは、梅田雲浜である」

と書いた。井伊の頭に梅田雲浜の名が刻まれた。

井伊直弼が目の敵にした処士

尊皇の大義を唱える反対派として報復

やがて長野の策謀によって、莫大な賄賂と、力による弾圧が行使され、御三家・外様大名派は、次々と各個撃派されていく。まず、京都御所の公家たちが、次々と変心した。そして下された勅語には、一橋慶喜を暗示するような表現は全部削られていた。勅語は、

「国事多端の折、次期将軍は関係者がよく相談して決めるように」
という、毒にも薬にもならないような文面に変わっていた。これは、圧倒的に井伊側の勝利であった。

勝った井伊は、反対派をそのままにはすませなかった。彼は、反対派をすべて罰し、報復した。まき添えをくって、吉田松陰も捕えられた。橋本左内も捕えられた。他にも多くの学者・志士たちが捕えられ、公家たちも罰された。

が、結果として、生命まで奪われたのは、いわゆる「処士」であった。処士というのは、組織に帰属しないで、自由なことを言い募る人々、というような解釈が辞引に書いてある。井伊の処士に対する解釈もまったくこの通りであった。

井伊は、浪人が大嫌いだった。その浪人が立場を考えないで、勝手気儘《かってきまま》に政治を批判するということに我慢できなかった。彼がもっとも憎んだのが、この処士である。本当は、流罪ですむはずの吉田松陰が、首を斬られてしまったのは、松陰が当時、扶持《ふち》を離れた処士だったからだ。処士の分際で、若い過激派を煽動《せんどう》している、ということで憎まれたのだ。しかも、その教えるところは幕府の悪口ばかりである。さらに幕府高官の暗殺まで示唆している。

梅田雲浜に対しても同様であった。梅田雲浜については、すでに腹心の長野主膳から詳しい報告が届いている。京都における悪謀の四天王の先頭に立つ男だ。だから、安政の大獄時に、真先に逮捕されたのは梅田雲浜であった。

梅田雲浜は、安政の大獄で死んだ。彼についての評価は、今でも、「ツマハビョウショウニフシ、コハウエニナク」的な貧乏志士のイメージがあって、思想家・学者としての印象が強烈である。

しかし、彼のやったことのうちで、最大の業績は、

「縦形式による幕府の交易独占」を、

「横形式による藩どおしの交易」

に切り替えたことである。

これは、幕府が持っていた経営権の一部を、藩に奪い取ったということだ。それも公式に断わってとったのではなく、強引に第三セクターを設立して、幕府にいくべき富を、藩レベルで奪取したということである。梅田雲浜が井伊に睨まれたのは、単に政治上の理由だけではない。こういう経済行為が、その中に入っている。

しかし、梅田雲浜は死んでも、彼がつけた経済の火は、決して消えなかった。そして、この小さな火が、やがて油を注がれ、大きな焔《ほのお》となり、遂に、倒幕の焔にまで燃えさかる。そのきっかけが、いわゆる「薩長連合」であった。

倒幕の勢力、薩長連合も経済提携だった

明治維新の実現は、そのまま倒幕の実行である。そして、この倒幕の勢力になったのが、長州藩と薩摩藩だ。薩摩藩も、長州藩に負けずに藩の経営改革を行い、富を蓄積していた。その富は主として、琉球列島の産物である砂糖からの富を収奪して蓄積された。

この収奪政策は凄まじく、いまだにその禍根が残っている。琉球（沖縄）で、鹿児島人に対する反感が強いのは、そのためである。この収奪政策を実行したのは、調所笑左衛門《ずしょしょうざえもん》だが、調所のことは後で触れる。

薩長連合の端緒をつくったのは、すでに書いた梅田雲浜の「ヨコ式藩際交易」だ。薩摩と長州は犬と猿の仲だったが、坂本龍馬と中岡慎太郎の仲介によって手を結んだ、というふうに言われている。

確かにそうだが、その前から長州と薩摩は、秘かに交易をしていた。交易した品物は、長州の牛馬の骨だ。この牛馬の骨を何に使ったかと言えば、琉球列島における砂糖栽培の肥料に使われた。牛馬の骨は、砂糖を育てるのにかなり効果があった。そこで、肥料として薩摩藩は、かなり前から長州藩からこの牛馬の骨を買っていた。それが拡大されて薩長交易が、もっと品数を多く

し、扱い高も高額になったのは、確かに坂本龍馬、中岡慎太郎の仲介による薩長連合後である。が、実を言うと、薩長連合を促進したのは坂本・中岡ではない。本当の仲介者は、梅田雲浜を坪井九右衛門に紹介した周南の浦靭負《ゆきえ》である。また、浦の家臣の赤禰武人《あかねたけと》である。浦も赤禰も、経済感覚が発達していて、藩の活動を尊攘運動に結びつけながら、その面で活躍していた。浦や赤禰の住んだ周南の先端に、上の関という港があり、ここはその拠点になっていた。

長州には、上の関の他、中の関（今の防府付近）と下の関という港があった。つまり、上中下の港が存在した。上中下の区分は、都に近いか遠いかの区分による。薩長連合は、政治的連結という印象でとらえられているが、交した約定はそれだけではない。ひと言で言えば、

「長州藩が不足する武器を、薩摩藩名義で外国から買い込み、薩摩藩で必要な長州藩の産品（主として米）を薩摩藩に売る」

ということである。

これを基として攻守同盟を結んだのだ。この仲介に坂本龍馬、中岡慎太郎が入ったというのは、主として軍事面を中岡慎太郎が担当し、経済面を坂本龍馬が担当するためである。坂本龍馬が担当した経済面というのは、明らかに密輸だ。

つまり、当時の長州藩は、朝敵として幕府と京都朝廷から睨まれていた。日本の中で孤立して

いた。それが、外国の武器を買うなどと言えば、大問題になる。

そこで薩摩藩が、自分の藩の名義で武器を買い込み、これを長州藩に渡すということにした。もちろん金は長州藩が出す。坂本龍馬はこの間に立つ。つまり、後に海援隊に発展する「亀山社中」を設立し、この亀山社中が、実際的な業務を行うということである。

なぜ亀山社中というかと言えば、長崎の亀山に本社を置いたからだ。この亀山社中には、すでに、株式会社の発想がある。社中は、長州と薩摩の間につくられた、これも第三セクターである。官が直接、手を出せないので、民にその業務を委ねる、という方式だ。言わば薩長貿易公社のようなものをつくったのだ。しかし、その活動は公にできないので、密貿易になる。亀山社中や後の海援隊は、密輸会社と言っていい。

牛馬の骨に端を発した薩長交易は、さらに範囲を広げた。長州から米、綿、木綿、反物、紙、塩、石灰、それに、牛馬に加えて、鯨の骨、薩摩からは、藍玉、砂糖、煙草、鰹節、硫黄、錫、琉球の塗物などを輸出した。いままで政治路線の選択の違いから、この二つの藩は、犬猿の仲だった。

高杉晋作などは、会津と薩摩を憎んで、一方の下駄の裏には、会津の名を書き、もう一方の下駄の裏には薩摩の名を書いた。そして、これを踏んずけて歩いていたという。それほど長州人にとって、薩摩は敵だった。たびたびの薩摩藩の路線の変更が、そのまま長州藩にとっては裏切り行為に思えたからである。が、それを結びつけたのは、当初、浦・赤禰であり、その遺志を受け継いで坂本・中岡が完成させた。

だから薩長連合は決して「政治的理由」からはじまったのではなく、むしろ、「経済的理由」からはじまったと言っていい。それほど、経済は幕末の諸藩にとって切実な問題だったのだ。薩長連合もまた、幕府の、日本市場の全面的支配から、一部分を藩というレベルに奪い取ろうという行動であった。しかし、薩長連合は、あくまでも密約であって、公式なものではない。だから、かなり長い間、幕府に知られずにすんだ。

そう考えると、初めの頃のゆるやかな主張であった公武合体運動も、その内実は外様大名たちの、

「幕府の市場全面支配」に

「藩が割込もう」

とする運動だったと言えないこともない。

薩摩藩主が時代の空気をキャッチ

最近は、あまり使われなくなったが、昔、政治家の選挙によくこんなことが言われた。

「ジバン（地盤）、カンバン（看板）、カバン（鞄）」

地盤というのは、主として地域とそこに住む人々の支持を言う。地域に張った根のことだ。看板というのは、権威のことである。名のことだ。鞄は言うまでもなく金、すなわち財力のことだ。この三つがないと、どんなにその政見が優れていて、人柄が立派でも、当選することはむずかしいと言われてきた。まだ、この「三バン」は、現実に生きている。そして明治維新のときも変わりはなかった。外様大名だった雄藩が、幕政に参加すると言っても、やはりこの三バンがなければ不可能だったのである。

おもしろいもので、この三つには、それぞれ因果関係がある。互いに相乗効果を起こす。しかし、厳密に言えば、何と言っても一番力を発揮するのは、鞄だろう。地盤もある程度、鞄によって造成できる。看板も金によって大きなものを掲げることができる。そうなってくると、つまるところは、財力の有無が大きくものをいう。

明治維新も、結局は経済戦争であり、優れた経営者が勝ち残って勝利を手にした、というような書き方をしてきた。経営者が、思う存分、自己の抱負経綸を展開するためには、やはり背後に財力の支えがなければならなかった。思い切ったことは何もできない。明治維新を推進したのは、率直に言って、長州藩と薩摩藩である。その長州藩の財力醸成については、梅田雲浜の説にヒントを得て書いた。そこで、今度は、薩摩藩の財力醸成について見てみる。

薩摩藩の財力は、何も明治維新間際になって、拙速に蓄えられたわけではない。かなり長い間に渡って蓄積されてきた。その基をつくったのは、二十五代の藩主島津重豪《しまづしげひで》である。

重豪は、宝暦五年（一七五五）に、十一歳で家を継いだ。そして、天明七年（一七八七）四十三歳のときに隠居した。家督を息子の斉宣に譲ったが、隠居後も政治への介入をやめなかった。積極的な院政を行った。天保四年（一八三三）一月に八十九歳で亡くなるまで、実に約八十年もの間、薩摩藩の政治を牛耳ったのである。

治政中、彼は二女を十一代将軍徳川家斉の妻に送り込んだ。これは、財力の蓄積に平行して、看板の拡大にも力を注いだと言っていい。島津藩は古い家柄ではあったが、関ケ原の合戦では徳川家康に敵対して、石田三成に味方した。敗けて七十七万石の収入は、そのまま安堵されたが、外様大名の雄としてずっと警戒された。

つまり、長州藩と同じような目で見られ続けた。したがって、幕政の中心に藩主が登用されるということは一度もなかった。重豪は典型的な開国主義者で、この時代から、

「日本は、早く国を開いて、外国と貿易をすべきである」

という先進的な経営者ぶりを発揮していた。それも、単に机の上の議論でなく、実際に長崎港

を見学したり、オランダ商館長と親交を結んで、外国事情を具《つぶさ》に身につけたりした。

彼の子に中津藩を継いだ奥平昌高《おくだいらまさたか》という男がいる。この昌高も、大変なオランダ好みで、有名なシーボルトやズーフなどと親交があった。彼が、外国かぶれであったために、この藩から後に福沢諭吉たちが出現してくる。

重豪は、農政や薬学にも明るく、江戸の高輪につくった別邸は、悉《ことごと》く西洋風の建物や庭園にした。庭には薬草を植えて、薬をつくった。また、農業のマニュアルをつくって、これを広く藩内の農民に配った。藩校造士館（旧制第七高等学校の前身）や、武術専門の演武館、医学院、天文観測所などを次々とつくった。暦も独特な「薩摩ごよみ」を発行した。鹿児島市に天文館通りという繁華街があるが、これはそのときの名残りだ。

この頃、中央政府である徳川幕府の宰相は、田沼意次《たぬまおきつぐ》だった。田沼は後世、「汚職宰相」として批判された男だ。が、その政策は開明的で、幕法である「鎖国」を破り、積極的に外国との交易を主張した。また、資源の有効利用を考え、列島上の鉱山を開発し、北海道の開発を策した。

外国の製品を積極的に輸入したが、それでは日本の金がただ流出するだけだと考え、国産品を外国に輸出することも考えた。北海道や山陸沖から産する俵もの（鱶《ふか》の鰭《ひれ》、いり子など）などを、その有力な品物に据えたのは有名だ。中国でこれらの俵ものが、料理用に珍重されることを聞いたからである。

島津重豪の積極政策は、ある意味では、田沼意次の積極政策を背景に行われたと言っていい。それが時代の空気であった。田沼意次が生きた明和・安永という時代は、徳川時代の中でも、経済が異常に成長した時期である。江戸時代には、元禄・文化文政という経済の二大高度成長期があったが、田沼が首相を務めた頃の明和・安永の時期も、これに匹敵する。企業の経営者が何か思い切ったことをやろうとする時には、何といっても、時代の空気が影響する。だからそのキャッチが大事なのだ。

時代の空気とまったくかけ離れたところで、その空気を意識しないで、やみくもに自分の思うような経営改革を推し進めても、成功しない。時代の空気というのは、何度も繰り返すように、客のニーズを代弁するものだからである。

薩摩藩の財政難を導いた藩主、島津重豪
入るを計らず、出ずるを制さず

こういう思い切った重豪の政策は、たちまち深刻な財政難をもたらした。金が足りなくなった。

入るを計らないで、出るにまかせてザブザブと湯水のように金を使うからである。事業の大半は、莫大な借金によって行われた。しかし、重豪は剛腹《ごうふく》な人物で、一切気にしなかった。

「構わん。商人からどんどん借り入れよ」

と命じた。借り入れ金額は、たちまち数百万両に達した。

こういう中で、重豪は外国に向かってだけでなく、藩の内部の解放にも意を注いだ。まず、他藩との交流を自由にした。どんどん薩摩に他藩人を入れ、それらの人々がもたらす他国の空気を、薩摩の中に導入しようとした。関所を廃止したわけではなかったが、交通をかなりゆるやかにした。また、上方から芸者や、芸能人を招き入れて、柳町と呼ばれる花街を新しくつくった。そのための役所も設けた。これを、

「繁栄方《はんえいほう》」

と呼んだ。併せて、

「薩摩言葉は、どうも粗野で困る」

と言って、方言の修正にものり出した。また、

「姿、かたちも粗野だ」

と言って、服装や手足の上げ下げまで、細かいマニュアルをつくった。そして、

「上方風に、優美にせよ」

と全藩民に命じた。もちろん、手本となるように、率先、武士にそういう教育を施したことは言うまでもない。

が、こういう繁栄方を拠点にした政策の展開は、どうしても人間を堕落させる。人間というのは、硬いことより柔らかいことの方が好きだからだ。鹿児島藩民は、まもなく大河が低きに流れていくように、華美の風潮に流れはじめた。こうなると、こういう風潮に逆らう人間も出てくる。そして、もともと薩摩は武骨をもって鳴る土地柄だ。

「どうも、この頃の政治《まつりごと》は間違っている。このままだと、薩摩人の良いところが何もなくなり、上方風に汚染されてしまう」

とブツブツ言い出す人間が増えてきた。そうなると、その矛先は重豪に向けられる。

「御政道が間違っているからだ」

と公然と批判する者も出てくる。そして、財政難がこれに輪をかける。というのは、藩士たちの生活が、次第に苦しくなってきたからである。栄えているのは花街だけだ。そこでは、湯水のように金が使われている。

それを指をくわえて、横目で見ながら通りすぎる武士たちには、腹の立つこと甚しい。この時代の華やかさは、自国の人間だけでなく、入ってきた他国人の目もおどろかせた。頼山陽《らいさんよう》や管茶山《かんちゃざん》なども、それぞれ旅行記に鹿児島城下の繁栄ぶりを書いている。

が、とにかくこういうように、他国との交流を活発にし、自国内の事業をどんどんPRさせれば「カンバン」は、次第に大きくなる。野暮ったい武骨人の巣とみられていた薩摩が、実は、大変に近代化された都市であり、その都市政策展開の中心に、藩主の島津重豪がいる、ということは、どんどん宣伝された。

しかも、重豪はときの将軍の岳父である。重豪の伸ばす根は、次第に列島上に伸びていく。が、反対に藩の財政力がどんどん弱まり、借金がかさむ。

天明七年(一七八七)、重豪は隠居した。子の斉宣に藩主の座を譲った。が、このとき斉宣はまだ十五歳である。そこで重豪は、

「政務介助」

という名目を立て、

「斉宣はまだ少年である。成人するまで、俺が当分、今まで通りの政務を行う」

と宣言した。院政開始の宣言だ。つまり、現代で言えば、社長の座は子に譲り、自分は会長の座に退くが、実権は依然として俺にあるぞ、という宣言だ。重豪の隠居は、おそらく極度に深まっ

た財政難に、その理由があったはずである。だから、これはある層から見れば、明らかに政策の失敗である。

つまり、入るを計らずに、出ずるに任せて、積極政策をとったことが、今日の財政難をもたらせたのだ。そう考えれば、隠居した重豪は、それまでの政策を反省して、斉宣という新社長を中心にした新経営陣を黙って支持すべきである。口出しをせずに、沈黙すべきなのだ。ところが、重豪会長は逆に前に出てきた。反省するどころか、斉宣新社長の政務を今まで通り見るというのだ。

明治維新が大きな経営改革だ、とみるなら、それは、すべての改革に共通するように、次のようなプロセスを辿る。

・正しい理想に基づく理論を唱える層の発生
・その中から、方法論をとり出して、実践面に応用する層の発生
・それに反対する層の発生
・支持・反対両層の闘争
・勝利者の発生
・勝利者による新施策の展開

勝利者は、必ずしも新しい理念の提唱者とは限らない。むしろ保守的な層が勝つこともある。

こういうとき、新しい理念は叩き潰される。幾多の改革が、すべてこういう憂き目にあっていることは、例の枚挙にいとまがない。

あとから考えれば、薩摩藩の財政力強化は、重豪会長と斉宣社長との凄絶な争いを通じて実現されたと言える。最後に重豪の曽孫の斉彬が加わって完成する。そして、この三人のつくった大きな団子を太い串として貫くのが、調所笑左衛門という人物である。

調所は、一介の茶坊主から成り上がった財政担当重役だ。この財政を巡る政策闘争が、後に、「お由羅《ゆら》騒動」と呼ばれる事件に発展する。

今までにも書いたが、お家騒動と呼ばれる事件は、一見、単に相続人を誰にするか、という争いでくくられているが、本当は、経済闘争であって、その経済を裏づける政策の争いである。その政策を実行する責任者として、一体誰が相続人として相応《ふさわ》しいのか、という「社長のポストを巡る争い」なのだ。薩摩藩の場合は、重豪・斉宣・斉彬と三代にわたる、会長・社長の政争が実に凄まじかった。それを克服して、薩摩藩は幕府を倒すパワーを溜めたのだ。

余談だが、こういう歴史的事件をいくつも見ていると、

「改革のパワーは、結局、対立から生まれる」

と言える。政争も、人間のエネルギーを噴出させる豊かな土壌なのだ。その意味では、江戸中

期から幕末にかけての薩摩藩は、そのエネルギーを生む最も格好の土壌だったと言える。というのは、経済面だけでなく、意識の面においても、上士と下士、下士と郷士、郷士と一般市民というような差別の図式が、当時の薩摩には、まだ色濃く存在していたからである。

差別への怨念が財政難に絡まって、予想もしないようなパワーを噴出させた。その辺を、少し順序を追って追求してみよう。

理論で、会長重豪を攻撃した新社長斉宣

三十歳になったとき、斉宣は、『亀鶴問答』という冊子を書いた。そして、家中に配った。内容は、

「鹿児島藩士は、武士らしく、忠孝文武の道を歩み、特に生活は厳しい倹約を行い、民に仁慈《じんじ》を施さなくてはならない」

というのが骨子である。別段、とりたてて言うほどのことでなく、どこの藩主もやることだが、時期が時期だけに、この『亀鶴問答』の起した波は大きかった。というのは、この書に書かれた、

「忠孝文武の武士にたちかえり、生活をきりつめろ」

ということは、そのまま重豪の放漫政策に対する痛烈な一打と、とられたからである。斉宣に

もその意図があった。彼は、十五年間、父の藩政介入を黙ってみてきたが、藩財政は好転するどころか、いよいよ悪化していた。その最大の原因が重豪の放漫政策にあることは明らかだった。いや、放漫というのは言いすぎかもしれない。開化政策、積極政策が金を足らなくしたというのが、正しいだろう。が、その積極政策が藩に莫大な借金をさせた。

斉宣が、そういうように自分の態度をはっきりさせると、彼の下に、続々とこの『亀鶴問答』に共鳴する藩士が集まってきた。主として学者タイプの藩士たちであった。特に鹿児島の木藤武清という学者の門に学ぶ門人たちが多かった。この木藤がどんな学者であったかは、反対派にこんな人物評がある。

「木藤という男は、飾り気がない質朴な人物だ。言語はたどたどしく、また行動もかなりそそっかしい。しかし、若いときから世利を嫌い、人ともあまり付き合わない。友達は少ない。寝食を忘れて勉強し、荻生徂徠《おぎゅうそらい》を嫌って、室鳩巣《むろきゅうそう》を尊んでいる。特に『近思録』（佐藤一斎著）に入れこんでいる。が、独学孤陋《どくがくころう》のために、やや杜撰なそしりを免れない。他の中国の書物もほとんど読んだことがなく、無知である。『近思録』以外は、不用だという考えを持っているようだ。だから、古今の歴史はほとんど知らない。

時々、自然に接して自分でも詩をつくる。しかし、読むに耐えないほど下手だ。知識人たちは、皆、嘲笑っている。ところがどういうわけか、彼のところに通う門人が結構いて、樺山、秩父、清水、森山など浅はかな輩が、彼を類なき学者だとかいかぶって、日夜、その門に集まっている。そして頻《しき》りに、藩公に推選して、薩摩藩の道徳の先生にしろと迫っている。しかし、彼は小姓組《こしょうぐみ》に属する無禄の士である」

ここに書かれている樺山というのは、樺山主税、秩父というのは秩父伊賀、清水というのは清水源左衛門のことである。

樺山は、薩摩藩内のある土地の領主で、身分が高い。しかし、

「彼は大きな志を抱き、道徳に親しみ、質実剛健をモットーとしていた。多少温和さは欠いていたが、有徳の士は、樺山との交際を進んで求めた。多くの人が、彼の人物を誉めている」

と言っている。しかし、彼の学問ぶりは、山崎派（山崎闇斎《やまざきあんさい》の学問）の激しいもので、彼は普段から、

「書物というものは、己れを修め、人を修めるためのものである。何もたくさんの本を読むことはない。近思録だけを読みこめば、こと足りる」

と公言していたという。

秩父は、この頃目付を務めていた。あるとき、藩主斉宣の意を受けた家老が、

「目付と郡奉行を諸郷に派遣して、民の生活実態を視察させる。つぶさに貧富の状況を調査して

くるように」

と命じたことがある。このとき、他の役人たちは全部その命令にしたがったが、秩父だけが傲然と言い返した。

「今、この国の中で、貧乏でない民など一人もいません。わざわざ視察に出かけるまでもなく、そんなことは時間のムダです」

と言った。上役は顔色を変え、

「お上の命令で、俺は指示している。お前は藩公の命に背くつもりか」

と怒った。秩父は、

「いや、私は決して藩公の命に背くつもりはございません。しかし、目付という職は、かなり前から拝命しております。職責を全うするために、今まで私は自分の所管内を徹底的に調査いたしました。どこに行っても、富んでいる民など一人もおりません。改めて調査するまでもなく、その実態が明らかなので、ありのままに申し上げただけです」

こう言われてしまっては、身も蓋もないが、実は正論だ。しかし、秩父の言い方の底には、上役を咎《とが》める響きがあった。つまり、

「今ごろになって、国内を調査して、民が富んでいるか貧乏か調べろなどというのは、遅すぎる。

一体、お前さん方は、今まで何をしていたんだ？」

という抗議の気持ちが込められていた。これを、上役は敏感に感じとった。だからよけい怒った。秩父は上役から、

「いずれ沙汰をするから、自宅に帰って控えておれ」

と命ぜられた。秩父は抗議した。

「私は何も悪いことをしていません。役目の報告を申し上げただけです。何で、家で沙汰を待たなければならないのですか？」

面倒になって上役は、

「うるさい！　さっさと家に帰って謹慎しろ！」

と怒鳴った。秩父は免職閉門を命ぜられてしまった。秩父は文句を言い続けた。言いながら庭に畑をつくって、自給自足の態勢に入った。家族や兄弟は秩父をもてあまし、

「お前のような頑固者がいるおかげで、肩身が狭くて困る」

とブツブツ文句を言った。五年間、秩父はそういう生活を続けた。彼は不満の塊であった。それが、新藩主斉宣に巡り会った。

清水もまた、硬骨漢だった。重豪の政策を容赦なく批判したので、やはり免職閉門を命ぜられ

ていた。隈元という男がいる。なかなかの学者だった。金に淡泊で、少ない給料も困っている人を見ると、どんどんバラ撒いていた。

「家族を養う金がない」

と言って妻帯もしなかった。あるとき、藩主の磯の別邸の番人が汚職で辞めさせられた。

「清潔で身寄りのない者を募集する」

と藩内に呼びかけたところ、たちまち八十人の応募者があった。それほど藩士たちは生活に窮していた。選考の結果、隈元が選ばれた。彼は、ほとんど寝ないで、邸内の監視をし、清掃に務めた。ここには藩主がよく来ており、たまたま隈元を見た斉宣は、ひどく気に入った。このように、木藤の門下生はすべて、次のような特性を持っていた。

・真面目人間である

・学問好きが多い

・それも広くいろいろな書物を読むというのではなく、『近思録』だけを、唯一のテキストにしている

・『近思録』だけを読み込むように彼らの性格も、一様に多少頑固で、曲ったことが嫌いである

・そのために、悪を憎む心が強い。人間の生活ぶりにも目をつけ、贅沢を嫌う。特に、重豪が

奨励した花街に沈湎するような連中は、武士の風上にも置けない、と唾を吐いていた
こういう特性を持った人々は、今でもたくさんいる。こういう人々に共通するのは、
・他人の誤ちを許さない
・他人を裁く
・それが正しいと信じている
・完全主義をめざしている
・自分の欠点に気がつかない
などだ。だから、今でも同じだが、あまり人から好かれない。

「自分ばかり正義派面をしやがって何だ」

と言われる。

変革は「理念」「理論」の両輪が揃ってはじまる

前に書いたように、変革や改革というのは、まず、こういう層の唱える「理念や正しい理論」によってスタートを切る。薩摩藩内における財政力回復の事業も、このプロセスを辿った。これ

は、一種の必然だと言っていい。

薩摩藩内の人々は、この群れを、

「近思録派」

と呼んだ。斉宣は自分が、『亀鶴問答』を出すくらいだから、すでに内々、この近思録派と気脈を通じていたとみていい。斉宣の『亀鶴問答』発表と同時に、この連中が、一斉に斉宣の新側近に登用された。

彼らは、長年の怨念を一挙に爆発させた。それは、彼らが堕落派とレッテルを貼る層を、徹底的にとっちめることであった。理屈や学問にかけては、それぞれ一家言《いっかげん》を持っているから、舌峰が鋭い。理論武装している。そのために攻撃は容赦なかった。

次々と、重豪派が面詰され、中には、耐え切れなくて、職を離れる者もあった。特に、理論を唱えている者が徹底的に攻撃を受けた。この近思録派に反対するような論を唱えると、大広間に呼び出されて、満座の中で糾弾された。その学説が、いかに藩政を歪めているかを、徹底的に糾弾されるのである。山本正誼《やまもとまさよし》という学者は、造士館の教授を務め、台頭してきた近思録派の乱暴な論の立て方や、横暴ぶりに腹を立て、これを批判する文書を秘かに書いた。そして、これを藩主に提出した。ところが、これを読んだ斉宣は、

「お前の職責は若者を教育することだ。学者の立場を離れて俺の政治に口を出すとは、教授にあるまじきけしからぬ振舞いだ。書いたものは、全部焼き捨てた。お前のところに、もし控えが残っているようなら、必ずそれを燃やせ」

と怒鳴りつけた。山本はびっくりした。が、すぐ察知した。

（近思録派に、俺の意見書を見せて、彼らの意見にしたがったのだな）

と。その通りだった。斉宣は近思録派にこの意見書を見せていた。近思録派は嘲笑い、山本に、叱責を加えるよう進言していたのである。他の山本派の学者も、城内の大広間で斉宣に御前講義をさせるという名目を立てながら、講義が終わると、一斉に襲いかかって、その論の杜撰さを口々に罵倒して、恥をかかせた。

山本派の学者たちは、ほとんど「病気のため」と言って、二度と藩には出なくなった。こうして近思録派は、まず藩校から反対派の教授陣を一掃した。こうなってくると、トップの斉宣も自信を持ってくる。

「俺のやることは、多くの人間に支持されている」

と思い込むようになった。そこで、そろそろ自分の思う通りに藩政を行おうという気になってきた。近思録派を要職につけて、自分の周囲を囲ませると、斉宣は、文化五年（一八〇八）頃から、反重豪的な政策をはっきり示すようになった。

ひっくり返された会長の経営政策

文化五年一月二十六日、まず、

「財政困難で、庶民が疲弊している。万事節約の方針で臨む。そこで、鷹狩をまず廃止する」

という触れを出した。二月に入ると、城に来る高級武士の通勤方法を簡便にした。それまでは、指定した駕籠《かご》に乗らせていたのだが、これからは、歩いても馬でも粗末な駕籠でも何でも良い、と命じた。ただ供の数を減らせと指示した。

また、藩校で行っている孔子の祭は廃止すると宣言した。城内の組織改革を行い、大番頭や道奉行、お庭奉行、学校目付などを廃止した。このことは、同時に、そういう役職者たちが束ねていた役所も廃止するということであった。役についていた多くの役人が職を失った。行政改革である。合理化をしたのだ。そして、廃止された役職や役所は、すべて会長の重豪が設けたものであった。

斉宣と近思録派の改革は、さらに前へ出た。島津家の一門と高級武士に対して、

「前々から、度々倹約と風俗の改良について申し渡してきたのに一向に守らない。これからは、衣食住はもちろん、すべてにわたって贅沢を厳禁する。それぞれの身分を考えて、質素な士風に立ちかえるよう努力してほしい。いろいろ噂を聞くこともあるので、それでも、この命令を守らない者は、厳罰に処する」

と命じた。血祭りに、加治木の領主島津兵庫・飛騨親子に、

「生活が贅沢だという噂がある。改めてください」

という使者を出した。島津父子は、恐れ入った。

が、これは、早く言えば外堀を埋めて本丸を包囲しているのであって、斉宣と近思録派の目標は別にある。つまり、本丸の主、重豪が最大のターゲットだった。近思録派は、いよいよ重豪に攻撃を加えることにした。しかし、斉宣にとっては、仮にも実の父である。その政策が放漫だからといって、いきなり重豪に攻撃を加えることはできない。

重豪を取り巻く側近群から粛清しようということになった。そこで、すでに家老に昇進していた樺山と秩父は相談して、

「我々、二人が江戸に参ります。用向きは、国元の財政が非常に困窮しているので、藩主の参勤交代を一年おきでなく、三年おきか、五年おきにしていただきたい、という嘆願を幕府にすると

いう名目にします。同時に、藩財政の建て直しのために、琉球を通じて行う中国との貿易の監視を、もう少し緩やかにしてほしい、ということも併せて願い出るということに致します」

と言った。もちろん表向きであって、実は、

「この際、父を取り巻く重臣群を、全部罷免せよ」

という斉宣の密命を受けていた。これが、文化五年(一八〇八)五月のことである。斉宣は三十五歳になっていた。藩を継いでから、既に二十年経っている。樺山と秩父は勇躍、鹿児島を出発した。が、その情報は、二人が江戸に着く前に先に重豪の耳に入っていた。重豪は間髪をおかずに、反撃に出た。

会長重豪が本社の専務らを首にした事件

先制攻撃され、潰滅した社長派

これから書くことは、おそらく今の企業にはないことだが、重豪の反撃方法がおもしろいので紹介する。まず、江戸で重豪が、樺山と秩父の二人を罷免してしまったことである。つまり、会長が、本社の専務二人を首にしたということだ。さらに樺山派の江戸詰めの役職者である本城、

あるいは秩父派の相良、伊地知などという連中を全部首にしてしまった。首にしただけではない。

「鹿児島に帰って、樺山と秩父を罷免したということを伝えろ」

と命じた。首にされていた連中が使者になって、また、別な斉宣派の重役の首を宣言しに行く、ということだ。何とも妙な役回りだった。こうなると、重豪会長は怖い。剛腹な性格だけに、怒りだしたら余計怖い。相良たちは悄然として鹿児島に向かった。

この頃、樺山たちは斉宣の主催で歓送会をやってもらっていた。やがて城下を出て、五月六日に国境の出水郷《いずみごう》に着いた。ここにある米《よね》の津から船に乗って江戸へ向かう予定である。ここでも歓送会がもたれた。そこへ相良たちが急行してきた。

「どうした？」

まだ事情を知らないことから上機嫌の樺山が聞くと、相良は、

「大変です」

と、樺山に重豪の怒りと樺山たちの罷免《ひめん》を告げた。今だったら、たとえ会長が罷免しても、社長が辞令を出さない限りは、そんな罷免は無効なのだろうが、このときは有効として扱われた。

樺山は憤満やるかたない顔をしたが、重豪の怒りがそこまで深いと知っては、どうすることもできなかった。相良は、

「お役御免だけではありません。あなたは直ちに領地に引き退がって、一間にこもったまま、外出を一切禁ずると言っておられます。家の者とも勝手に話してはならないと、こういう御命令で、家の前には厳重な番人をつけろ、ということでございます」

樺山は承服しなかった。彼は怒り出した。

「俺は、この度、藩公から大事な御用向きを仰せつけられて、江戸へ向かうところだ。たとえ、御隠居様がそんなことをおっしゃろうとも、聞くわけにはいかない。俺は江戸に行って、申し開きをする」

と主張した。

結局、宥《なだ》め役として、相良が樺山と一緒に宿に泊り、本城が急いで鹿児島へ向った。斉宣の判断を仰ごうというのである。この頃、斉宣はさらに、別な家老を自分の使者として江戸に出発させようとしていた。それは、樺山・秩父の仕事がやりやすいように別立てで、自分の意図するところを重豪によく説明させようという考えからであった。早く言えば、重豪に意見をしてこいという意味である。

まだ鹿児島城下にいた秩父は、本城からの話を聞くと、猛り狂ってそのまま城に上がった。そして斉宣にこのことを話した。これが五月八日のことである。秩父が城に入ったのは、午前四時だという。そして、午後二時まで斉宣と密談した。

斉宣のこのときの決断は、次のようなことだった。

「父の樺山・秩父両家老の罷免は納得できない。したがって、自分としては両人を今まで通り、家老として扱う。しかし、父との調整があるので、二人ともしばらく自宅で謹慎せよ。が、謹慎と言っても、押し込めではない。いつでも出勤できるように待機していてくれ。樺山も私領に引き退がることはない。今まで通り、鹿児島城下の屋敷にいて良い。このことは、至急、隈元を江戸に派遣して、父によく説明させる」

隈元はすぐ鹿児島を出発した。

斉宣は、会長である父に反乱したのだ。社長としての権威を貫こうとした。これはこれで筋が通っている。当然そうすべきだし、もっと早くすべきであった。重豪の会長としての今回の重役罷免は、まさに越権行為である。任免権が社長でなく会長にあるなどという企業があるはずがない。その意味での、ここまでの斉宣の態度は立派であった。

が、十二日になると斉宣の態度が怪しくなった。彼は、樺山と秩父に、

「ある考えによって二人を罷免し、隠居を申しつける。また、秩父は家格を下げる」

こういう辞令を出した。豹変だ。樺山と秩父と、その係累である近思録派は、猛然と斉宣に食っ

てかかった。しかし、斉宣はもう深い説明をしなかった。沈黙したままである。苦渋の色が顔に浮き出ていた。

おそらく、鹿児島城にも、重豪派や風見鶏派がいて、斉宣の抵抗を、

「そんなことをなさっていいんですか？　会長が本気になって怒ると、どんなことになるかわかりませんよ。あなた一人ですまないかもしれないし、薩摩藩の経営そのものに大きな影響があるかもしれません」

などと脅す奴がたくさんいたのだろう。そう言われてみると、斉宣も次第に怖くなってきたのだ。そこで、父の命に服することに心を決めたのに違いない。バカをみたのは、樺山や秩父、そして近思録派の面々であった。

一方、そのころ江戸に着いた別な家老と隈元は、重豪から大目玉を食らっていた。重豪の論理はこうである。

「将軍夫人に対して無礼である。不届き至極である。また、俺に対しても無礼である」

俺に対して、無礼というのはよくわかる。が、将軍夫人に対して無礼というのはよくわからない。しかし、隠居の身で政治に口を出し、人事に介入した重豪にとって、将軍のところに嫁にやっている娘の権威を持ち出すことが、自分の超権限処分を正当化する、こじつけの論理になったのだ

ろう。彼は無理矢理にこの論理で、二人を怒鳴りつけ、斉宣の言うことなどまったく聞かなかった。家老と隈元は、重豪の雷のような怒声にただひたすら平伏して冷や汗を流す他なかった。二人とも宿に戻るとやけ酒を飲んで、ひっくりかえってしまったという。このときの重豪は六十四歳である。

重豪の立てた論理は強引ではあったが、こんな背景があったことは確かだ。それは、娘が嫁に行った将軍家斉の治政は、いわゆる「化政時代」と呼ばれて、江戸時代でも、最も文化が爛熟《らんじゅく》した時代だ。経済も、もちろん高度成長していた。全般に贅沢な風潮がはびこっていた。したがって、斉宣や近思録派の言うような

「勤倹節約を江戸の藩邸でも実行してほしい」

と重豪に迫ることは、将軍夫人の舅に勤倹節約を迫ることになる。いきおい娘にも、そういうことを迫るのか、ということにもなる。もっと発展させれば、贅沢の限りを尽くし、柳亭種彦《りゅうていたねひこ》が、『修紫田舎源氏』という空前のベストセラーによって、模写されたという家斉の生活をも、少しひきしめろ、ということに他ならない。重豪にすれば、

「そんなことが、俺の口から言えるか」

ということであったのだろう。もちろん、重豪自身も自分の豪奢な生活ぶりを改める気など毛

頭なかったから、その意味でも腹を立てた。そしてせっかく娘を将軍の嫁にし、万事うまくいっているのに、たかが国元の財政が逼迫しているからと言って、

「そんなことが、俺の口から将軍や将軍夫人に言えるか」

というのが重豪の腹であった。これも、まあ会長としては当然だろう。社長の方が堅実派で、政治性がなかったということである。

そして、これは会長重豪の防衛策であった。斉宣の意図は明らかに重豪の感じた通りだった。放っておけば樺山と秩父はそのまま江戸に居座って、重豪の側近を全部首にし、自分たちが江戸藩邸の業務を全部取り仕切るつもりでいた。その上で、薩摩藩の江戸藩邸の気風を勤倹節約の方向に向かって、一挙に改めようとしたのである。その精神的根拠は『近思録』であった。

学者タイプが陥りがちな「自分たちは正しい」

この辺に、いわゆる学者タイプの真面目人間が陥《おちい》りがちな誤ちがある。それは、

「あくまでも自分たちは正しいのだ」

という信念だ。必然的に、

「相手は間違っている」

という前提を立てる。だから、正しい立場に立った自分たちは、間違っている立場に立つ連中を裁く権利がある、と思い込むことだ。組織におけるトラブルは、大抵こういう「裁かれる人事」が原因になることが多い。

人間は、人間である以上、人から裁かれることは嫌いだ。いろいろ理由があって、それも、懇切丁寧に理由を説明され、納得ずくでその人事にしたがえば別だが、そうでなくて、頭から、

「お前は悪い奴だ。だから、処罰人事を行う」

と裁判官のようなことを宣告されたら、された方の腹の中は煮えくりかえるのは当たり前だ。この辺のやり方は、近思録派の短兵急な生まじめさが災いした。まじめすぎる人間は、得てして成功しないのである。人に嫌われることが多い。

こうして、近思録派の攻撃は、無残な敗北に終わった。斉宣の権威も失墜した。

「結局、会長には敵わない」

という噂が、薩摩藩全土で囁かれた。

人事面では重豪の勝利だったが、しかし、そういう報復をしたからと言って、傾いた薩摩藩の財政が元へ立ち直ったわけではない。むしろ、いよいよ悪化の一途を辿っていた。そのことは、

さすがの重豪にもわかった。このまま放置はできない。

「やはり財政再建は必要だ」

と、重豪も思った。

そこで登場してくるのが、調所笑左衛門である。

出世の道として茶坊主を選んだ調所笑左衛門

調所笑左衛門は、安永五年（一七七六）川崎主右衛門の子として生まれた。身分は至って低い。十三歳のときに、調所清悦の養子になった。清悦は茶坊主だった。そこで笑左衛門も坊主になり清悦を襲名した。

薩摩藩というところは、前にも書いたように身分差別の激しい国で、家臣団の中にも、厳然として身分差別が存在していた。上士と下士、下士と郷士、郷士の中でも、鹿児島に近い者と遠い者との差別を、次から次へと再生産していた。

また、それほど豊かな国ではないから、下にいくほど生活が厳しかった。貧しく苦しかった。下級藩士は、役職を求めて狂奔した。前に書いた藩主の磯の別邸で番人を募集したときに、たちまち八十人余りの応募者があったという例も、その表われである。

こういう中で、茶坊主になることはひとつの出世の道として、近道だった。というのは、藩主や前藩主の側で仕えるからである。注目されれば士分になって、政治の場で腕をふるうことができる。そこで、茶坊主になるのも、また激しい競争になった。この競争に打ち勝って、茶坊主になれたとしても、新人茶坊主の給与は四石である。

寛政九年(一七九七)十一月十三日まで調所は、こういう生活を続けていたのである。そしてこの日、調所は、

「春になったら、江戸づめを命ずる」

という辞令を受けた。

翌年、調所は江戸に向かった。二十三歳になっていた。茶坊主生活をすでに、八年続けていたことになる。江戸に着くと、隠居の島津重豪付きになった。彼自身の日記によると、この日、重豪の住む高輪御殿へ行った。重豪は、

「めでたいことだ、念を入れて務めよ」

と言葉をくださった。長屋に帰ると、親類中が集まって祝ってくれた。高輪の長屋をくださったので、そっちへ移った。名前を笑悦と変えた。給与は三十俵だった。米に換算して、六石の年

俸になる。

文化八年（一八一一）一月十五日、三十六歳になったときに、御茶道頭を命ぜられた。この頃は、給料が少ないにもかかわらず、よく酒を呑み、また人に呑ませていたらしい。人に施すこと、金を塵芥《ちりあくた》のごとく……と誰かが語っている。務めは至ってまじめで、またきめの細かい気くばりの持ち主だった。その緊張ぶりは群を抜いていて、やがて重豪の目にとまった。

調所はどういうわけか学問が大嫌いだった。ことに儒学が嫌いだった。これは重豪とまったく同じだ。重豪も儒学が大嫌いだった。彼は、儒学の観念性が嫌いで、それだからこそ洋学に近づいた。

外国かぶれの重豪は、儒学の嫌いな茶坊主が大変、気に入った。用がなくても重豪の側にいて、呼ばれればすぐ飛んでくるような機敏な動きをしたので、次第に重豪も重用するようになった。文化十年（一八一三）、御小納戸勤めに転進した。

ということは、茶坊主ではなくて普通の武士に登用されたということで、このとき、すでに三十八歳になっていた。が、これ以後の彼の栄進はめざましい。この二年後には、御小納戸頭取を命ぜられ、御取次見習いの兼務を命ぜられた。御取次見習いというのは、言わば秘書長のようなものだ。重豪に直接、ものの言えない藩士たちの代わりになって、重豪に伝え、また重豪が言ったことを、仲介する。つまり、パイプの役を果すことになる。

このパイプ役は、人の言うことを歪めたりすることが可能である。両方に知られないようにすれば､何とでも歪めることができる。だから、この役には上下の者が特に気を遣った。賄賂を贈ったのもそのためだ。

幕府でもそういうことが、何度もあった。将軍と下位者の間に、お側用人《そばようにん》というのがいるが、私心の多い人間であれば、ものごとは決して正確には伝わらない。金をくれない、ものをくれない、という次元だけでなく、その人間に対して、取次役が悪感情をもっていれば、決して良いようには伝えない。

しかし、調所はそんなことはしなかった。自分の職責を忠実に守った。彼が登用された時期は、ちょうど重豪が猛り狂って斉宣派、つまり、近思録派を一掃した時期に当たる。

その前に、当主の斉宣は隠居させられた。会長の命によって社長の座を追われてたのである。

あとはその子の斉興が継いだ。重豪は、斉興に社長の職を継がせると、再び、

「俺が政務を介助する」

と宣言した。そして、斉宣が壊してしまった古い制度を全部、復活した。意趣返《いしゅがえ》しであった。

このとき、孫の斉興は十九歳だ。鹿児島に来た頼山陽は、

「大隠居（重豪のこと）、院中の政事にて、後白河もたじたじと聞こえ候」と『菅茶山』に書き送っている。一世を風靡した京都の後白河法皇よりも、もっと、ものすごい院政を敷いている、という意味だ。それほど、重豪の意気は凄まじかった。近思録くずれで処分された武士は、実に百十二名におよんだ。

調所は文化十五年（一八一八）、四十三歳のときに、お使い番を命ぜられた。御小納戸といい、お取次といい、お使い番といい、すべて重豪の側にいて、細々とした用を重豪の代わりに果たすという役だ。

若いときから苦労しているので、調所は相当の人間通だったのだ。そこを見込まれた。人生の機微をよく理解していると思われたのである。重豪が考えていることを、口に出さないうちに察知し、重豪にいやな思いをさせないで、自分から機敏に動くからだった。

財政再建を命じられ「茶坊主」から「筆頭専務」へ

文政五年（一八二二）、四十七歳のときに、町奉行を命ぜられた。重い役である。しかし、お取次の役は兼務だった。文政七年（一八二四）、四十九歳になったときに、お側用人格に昇格し、両御隠居様御《お》続料掛《つづきりょうがかり》を命ぜられた。

御続料掛というのは、重豪と斉宣の二人の隠居の費用の面倒をみるという役だ。お側用人格というのは、今で言えば官房長官の役である。こうなってくると、重豪は調所に完全に頼り切りで、手許から離さない。文政十年（一八二七）の暮、調所は遂に、

「財政改革主任」

を命ぜられた。これには、さすがの調所も驚いた。というのは、人間学は相当に学んでいて、自信もあったが、財政のザの字も知らないからである。そっちの経験がまったくない。人間学に長けていたというのは、子どもの頃から、茶坊主として多くの人と接し、人間の心の裏表を知り抜いていたからだ。

そこが重豪に気に入られ、今日のように栄進した。しかし、人間を相手にするような仕事ならともかく、金を相手にするということは苦手だった。

と同時に、その頃の薩摩藩が莫大な借金で苦しんでいることを調所も知っていた。たとえば、藩主が参勤交代で江戸へ行くときも大坂近くの宿屋に泊ると、それを知った商人が、揃って貸した金の取り立てに来るので、宿をわざわざ変えたりした。が、すぐかぎつけられ、そこでも厳しく請求された。薩摩藩は、当時の金貸し商人にとっては、ワーストワンだった。

窮乏していたのは、上の方だけではない。もっと苦しんでいたのは下の方だ。家来たちは、衣服を売り、武器や武具を質入れして生きていた。

昔からの家来は、それでも歯を食いしばって辛抱していたが、江戸で臨時に雇い入れた連中は、給金もくれない藩に愛想を尽かして皆、逃げてしまう。住む家が壊れても修理はできない。供《きょう》もろくに雇えない。

もちろん下男も雇えないから、庭は、ぼうぼう草が生えたままだ。掃除もろくにできない。家はだんだんごみためと同じようになっていく。仕方がないので、そこの主人が下男の服装をして、手拭いで顔をかくして草を抜いたり、掃除をする。あるいは、表の塀や門だけを修理して、中はまったく手がつけられない、というような状態が、ほとんど全藩士にわたって出現していた。

調所笑左衛門の固辞を重豪は、許さなかった。

「俺の眼鏡に叶う人間は、お前以外にいない。何としてでも財政を再建しろ。そのためには、お前がやりやすいように眼代《がんだい》を命ずる」

と言われた。

眼代というのは、家老の上席に立って、家老たちを指揮してもいいということだ。つまり、実質的には、藩主の代わりを務めよ、ということである。これも、調所は固辞した。

ひとつは、前に書いたように、情勢がそう簡単なものではないし、特に財政的な知識も技術も持っていない自分に、そんな財政再建などという大役は務まらないという、自己の限界を知っていたことである。

もう一つは、眼代になどなろうものなら、それでなくても、格式ばって、身分のやかましい家中で、とても仕事などができはしない、と思ったからだ。それは、彼が長年の茶坊主から学んだ経験で、たくさんの偉い人を見てきたから、そういう層の形式主義や、門閥主義をいやというほど知り抜いていたからだ。

重豪が調所を眼代《がんだい》に命ずるということは、文字通りお茶汲みで一受付員であった秘書をいきなり、筆頭専務に任命するということである。こんなことをされたのでは、周りがどんな目でみるか、任命されないうちからわかりきっている。

「とてもじゃないが、俺には務まらない」

と調所はそう思った。しかし、重豪も執拗だった。断り続ける調所に、最後は刀に手をかけながら、膝づめ談判で、

「お前は、俺と孫の側役ではないのか」

と聞いた。孫というのは、当主の斉興のことである。調所は、

「不束者《ふつつかもの》ではございますが、有難く側役を務めさせていただいております」

と答えた。重豪は、すると、

「側役というのは、主人と存亡をともにする職のはずだ。今がまさしく主人の存亡の時節であるからこそ、お前に財政再建を命じたのに、それを断るとはけしからん。この場で斬って捨てる」

と、迫った。もちろん、見え見えの芝居だ。しかし、それほど重豪が調所に入れこんでいたことは事実である。

重豪も重豪なりに危機を感じ、この際、調所のような人間通で、また低身分で思い切ったことができるような男でなければ、とても財政は再建できないと思っていたのだ。

しかし、調所は、胸の中で直前に起こった近思録派くずれのことを知っていた。その派の百二十人にもおよぶ人間たちが、重豪のひと言によって全部殺されたり、罰を受けたりしたことを知っていた。

(下手をすれば、俺も彼らの二の舞になる)

という不安が彼の胸にたち込めていた。しかし、重豪に、

「側役というのは、主人と存亡を共にする役ではないのか?」

と言われて、彼の心はぐらりと揺れた。そこが軟化のはじまりで、遂に調所は、

「お受け致します」

と答えた。

門閥、格式を一切考えない能力主義を貫く

「改革はまず自分から」の精神で

財政にはまったく暗いことを自認している調所にも、実を言えば、目算がなかったわけではない。それは、彼はつねづね、

「組織生活では、常に新しい役をもらうたびに人間の輪を拡げなければならない」

という信念をもっていたからだ。だから、茶坊主から側用人になるまでには藩内に、

「いざとなれば、この連中は、俺と一緒に仕事をしてくれるだろう」

という人間をたくさん知っていた。つまり、自分向きの人間の物色をすでにすませていた。また、町奉行を命ぜられたときに、その職を利用して鹿児島の多くの商人と知り合った。たとえば重久、薬師、岩城、桑原、加藤、長倉、川井田、芝田、長崎、浜村、森永、山下、酒匂、谷山などという商人たちだ。かなり広い範囲の商人群と知己になった。そこで、

（まず、この連中に協力を頼もう）

と、調所はそう思った。

重豪は当主の斉興を脇に置いて、正式に調所笑左衛門に次のことを命じた。

①今後、十カ年の間に、五十万両の積み立金をつくること。

②その他に、できるだけ金を貯えること。

③借用証を取り返すこと。

すらっと読むと、何でもない下命だ。が、問題は、①と③の関わりである。①を実現するためには、まず③の処理をしなければならない。③の

「借用証を取り返すこと」

というのは、借金を全部返すということだ。ところが、この借金の額が莫大で五百万両もある。五百万両と言うと、いったい現在のお金に直してどの程度のものなのかわからないが、かつて高名な歴史作家が、

「二、三千兆円になるだろう」

と書かれたことがある。

随分前の話だから、現在ではもっと相場が上がっているはずである。その金を返した上に、二、

三百兆円の剰余金を出せ、ということである。しかも、その他にも貯められればもっと貯めろ、という大変にムシのいい命令であった。調所は頭を抱えたが、彼のことだから、命ぜられた以上、もう弱音は吐かなかった。

「かしこまりました」

と、返事をした。改革を進めるには、やはり手順がいる。

①実態をおさえること。

②計画を立てること。

③計画推進の体制を固めること。

④進行を管理すること。

⑤推移いかんによっては、方法を改善すること。

などである。

調所はこのとき、重豪に、

「お受け致しますが、恐れながらそのことを文面にして、御隠居様と御当主様の印をいただきたい」

と言った。重豪は調所の気持ちを知っているから、

「よかろう」

と苦笑した。調所は近思録くずれの例をみて、重豪が生存している間はいいが、もし、重豪が死んだ後に、彼が展開している改革が妨害され、その推進者として重い罰にでも処されたら、たまらないと思ったのだ。

そのためには、証拠物件をとっておかなければならない。口頭で命ぜられたのではなく、トップ直々のサイン、捺印のしてある文書をとっておこうという腹である。そのことを察知したので、重豪は苦笑したのだ。

次に調所が考えなければならなかったのは、改革推進態勢の確立である。これは、形式や身分にこだわっている古い連中ではダメだ。思い切って、有能者を登用しなければならない。調所が考えた人物登用の基準は、次の通りだ。

・無能で何もしない者は、まったく役に立たない
・たとえ清潔であっても、無能な人間は役に立たない
・有能であっても、何もしない人間は役に立たない

こういう基準にあてはまる者は、全部除外した。となると、

・有能でテキパキと仕事をする者

・無能であっても、一所懸命協力する者

あたりが、選考の対象になる。そして、後に調所が反調所派から徹底的に糾弾されるのは、

・多少汚れているが、有能でテキパキと仕事をする者

というタイプである。このことは調所が、自分が選んだ人間たちに対する態度でよくわかる。調所は自分の改革事業の間に、数百人の人間を用いたと言われるが、ひとりとして首にしたことはなかった。多少のことは全部、大目に見た。酒を呑んでも、花街で女性と戯れても、小さな誤ちは、決して咎《とが》めなかった。いつも笑って見逃がしたという。

その点では、彼は器量が大きかった。彼の仇名が、「タコ壷」と呼ばれたのはそのせいだ。もちろん、反対派がつけた渾名《あだな》だから、悪意がこもっているが、しかし、壺の深さ・器量の大きさは反対派も認めていた。

つまり、調所は門閥とか格式とか身分などを一切考えずに、能力だけを物差しにした。能力があれば、多少泥水につかっていても、目をつぶる、といった態度であった。

だが、調所自身の生活は一変した。彼は、それまで茶坊主という職務柄、茶、花、囲碁、将棋、詩歌、相撲などが好きだった。相撲は、一時は鹿児島一の取り手だと言われたほどである。ところが、重豪・斉興の二人から改革を命ぜられると、その一切をやめた。すごい勉強家になった。

「藩の経済を建て直すためには、藩の経済状況だけを調べていてもダメだ。何よりも、国の経済を支配している大坂の経済を調べなければダメだ」

と考え、何度も大坂に行って、経済状況を自分で調査している。また、改革事業の範囲が、江戸、大坂、京都、長崎などにも及ぶので、そういうときは、まず自分で出かけて行って、主旨を説明し、関係者の協力を求めた。

彼は城に午前十時に出勤し、午後四時には帰ってきた。当時の役人の勤務時間は、だいたい、午前十時から午後二時までである。その間、昼飯を食べているから、ろくに働いている時間はないのだが、それでも調所は、とりあえず役所で二時間の超過勤務をしている。本当の仕事は家に帰ってからはじまる。財政再建などというのは、表の仕事だけではできない。金の調達その他、秘密裏にすることがたくさんある。それは、家でやったり、どこか料理屋でやったりする。今と変わらない。徹夜もしばしばした。

特に、江戸の重豪や斉興たちに出す報告書の点検は厳しかった。全部自分で書いたし、飛脚に渡すときにも、もう一度読み直した。大坂の商人で彼に協力した人物に、こんな手紙を書いている。

「霜枯時には、他の人なら、陽気な騒ぎをして、何とか気晴らしをすることがあるでしょう。しかし、私にはそういうことができません。朝早く出て、暮方に家に戻り、それから秘密な人々といろいろな相談をし、夕食を忘れるときさえあります。好きだった酒もほとんど呑めません。寝る間際に、茶碗で一杯グッーとやるのが楽しみです。もちろん房事なども、ことの他疎《おろそ》かです。そのため、山の神の機嫌が、大変に悪くて困っております」

もちろん、意訳だが、この手紙を見ても、彼の人間味あふれるユーモア精神がよくわかる。こういう人物だったから、数百人の人間が、とにかく改革中は、気を揃えて彼に協力した。

こういう物差しによって彼が登用した人物は、蛯原清熙、二階堂志津馬、島津将曹、加藤平八、伊集院平、吉利仲などであった。これらの人々は、調所が失脚すると同時に、ひどい報復を受ける。

大名の経営コンサルタントに再建計画を依頼

さて、調査ばかりやっていても改革は進まない。結局は、改革の要点をどこに置くかということが大事になる。つまり、計画や方法の芯である。調所はこれを、

「いくら俺が考えても仕方がない。専門家にいい意見を出してもらおう」

と考えた。つまり、今で言えば、ブレーンの活用だ。調所は、それをかねてから良く知っている佐藤信淵に頼んだ。佐藤は、当時の有名な経済学者であった。各大名の経営コンサルタントを

務めていた。この高名な経営コンサルタントに、

「どうか、過分のおぼし召しをもって、薩摩藩の財政再建にお知恵をお貸しいただきたい」

と頼んだ。佐藤は快く引き受けた。佐藤が偉かったのは、机上の空論を立てなかったことである。調所から頼まれると、佐藤は実際に鹿児島に出かけた。そして、藩内各地を歩き回った末、案をつくって調所に示した。

再建計画は、ざっと次のようなものであった。
・何よりも、借金の返済に総力を注ぐべきだ。その借金には、大口と中口と小口がある。しかし、大口は五百万両という莫大な額であって、どうにもならない。何百年かかっても、どうせまともに返せるはずがないのだから、これは、いっそ思い切って、二百五十年くらいかかって返す方がよい。そうすれば、貸してる方も半ば諦めるだろう。
・こうして、大きな流れ口を塞いだならば、次は中口と小口にとりかかろう。中口、小口というのは、殿様をはじめ偉い人に倹約してもらうこと以外ない。入るを計って出ずるを制するという原則を守らせるべきだ。それには、前もって予算を立て、すべて予算内ですませるようにする。大体、現在の収入で間に合うはずだ。また間に合わせなければならない。
以上の二つは消極策である。積極策として、当然、収入を増やさなければならない。増やす道

としては、次のようなことが考えられる。

①藩の物産は他藩に比べてそれほど落ちるとは思わないが、包装が悪い。そのために壊れるものが多い。これを改めるべきだ。

②産物の品質改良と多収穫を計ること。それには付加価値を加えることを重視すること。さらに藩の専売に切り替えること。

③重豪様の小遣い銭を稼ぐという名目で、幕府に琉球を通じて中国貿易を出願すること。将軍の岳父であられる重豪様の出願なら、幕府も許可するはずである。しかし、幕府は許可しても一定の制限を設けるはずである。が、心配することはない。実際の貿易は制限額を超えて行ってしまえば良い。莫大な利益が得られるはずだ。

・こうして、十年の間に、積立金を五十万両準備すべきである。その他にも非常に備えて、金を貯えるべきだ。

こういう策を立てた上で、佐藤はさらにこういうことを言った。

・こういうことは、かなり際どい面があるので、幕府に反対されると成功しない。そこで、工作資金として、充分な手当をすること。

大変な案だ。際どいことも随分と言っている。特に、最初の五百万両の借金の二百五十年賦というのは、事実上の踏み倒しだ。佐藤は、まず踏み倒しを奨励する。そして、藩金の流出を防いだ上で、さらに倹約を奨励する。

琉球（沖縄）による中国貿易についても同じだ。幕府は許可しても、一定の制限額を設けるに違いない。しかし、許可を得てしまえばこっちのものだから、そんな制限額なんか無視して、どんどん利益があるように交易してしまえ、ということだ。

また、そういう際どいことをするのだから、当然、目を瞑《つむ》る幕府高官が必要だ。そのために充分な工作資金も準備しろ、という。こういう案を立てた佐藤に、いったいどれだけの礼金を払ったのかわからない。しかし、調所には、うってつけの案であったことは確かである。

それは人間学を充分に踏まえた上の計画だったからだ。きれいな水の中だけで行われる改革ではない。かなり汚れている面もある。汚水がいっぱい漂っている。

その中で泳ぎ抜くには、相当強《したた》かな人間でなければダメだ。が、調所は耐えられる。しかし、普通にいう清廉潔白な改革派では、こういう改革はできない。その意味では彼が、多少汚れていても能力のある人間を多く改革派に混じえたのは、それなりに意味があった。

しかし、このことが後に彼の命取りになることは、前に書いた。この改革の責任をとらされて、調所は自殺してしまうからである。その代わり、彼は類を絶対に他におよぼさなかった。もちろ

ん反対派は、

「ああいう悪い改革を進めたのは、調所ひとりではない。彼の協力者も同罪である」

と言って報復人事を行うが、しかし、調所は決して、

「他にも協力者がいる」

などとは言わなかった。ましてや主人の重豪や斉興に飛沫《しぶき》が飛ぶようなことはまったくしなかった。

「すべて、私の責任でございます」

と言って、潔く、地獄へその罪を全部背負って行ったのである。

メインバンクの信頼をえるために

調所はこうして体制を固めると、まず鹿児島の商人群に協力を求めた。商人群は調所の人柄を知っていたから、

「協力致しましょう」

と言った。そして、

「しかし、我々だけではどうにもなりませんので、やはり大坂の商人たちの協力がいります」

と言った。当然である。それに、五百万両の金を貸している商人の多くは、大坂商人であった。そこで、その次に調所が協力を求めたのは、大坂の商人群であった。彼は大坂に行った。そして、足を棒のようにして歩き回った。大坂商人は鹿児島の商人のように人が良くない。大名貸などというのは、日常茶飯事だし、大名の悪辣《あくらつ》さも知っている。それは三井高房が『町人考見録』に書いたように、

「商人が、次々と潰れるのは、不良貸付のためだ。その不良貸付の相手で最大のものは、大名である。大名ほど悪辣《あくらつ》なものはいない。武士という身分を笠にきて、弱い町人をいじめる。武士道などというのは、今は存在していない」

と痛烈なことを言っている。薩摩藩もまた、その悪辣な大名家の一人であった。浜村屋の努力で、何人かの協力者が出た。平野屋、炭屋、近江屋などである。五人の商人が、新しいメインバンクになってくれた。彼らは調所の誠意や人柄に、感動したのである。これは珍しかった。商人と言えば、まず人を疑がってかかるのだが、調所には参ったらしい。そういう魅力が彼にはあった。が、やはり、

「しかし、貴方のお人柄が良いと言っても、ただお貸しするわけにはいきません。やはり、確か

な再建計画がほしい。できれば、保証もしてください」

と言った。

もっともである。しかし、再建計画は出せるが、保証はできない。それをどうするか、調所は考えた。一策を思いついた。

「こうしよう」

と、調所は言った。

「あなた方が、御隠居様や御当主様に会ってくれ。おふたりから保証をしてもらう」

これは商人たちのためだけではなく、調所にも必要なことであった。それは、前に改革の下命を文書にして印を捺してもらったように、こういうシステムをつくったことを重豪と斉興に報告し、それを承認させるということにもつながった。

つまり、調所の展開する改革は、すべて重豪と斉興の承認の下に行われているということを、藩の内外に示してほしかったのである。また同時に、商人たちが根強く持っている、

「大名というのは、踏み倒しの名人だ」

という印象を重豪と斉興の承認によって覆してもらおうと思ったのだ。もちろん、重豪の性格から言えば、そんなことをするはずがなかったが、とにかくそういうことを言った。

ところが、おもしろいことになった。重豪と斉興は、調所の申し出を承知した。

「明日、その商人たちに会おう」

とアポイントメントを承諾した。ところが、前夜になると、使いがきて調所にこういうことを言った。

「明日の商人との面会は、とりやめにしたいと御隠居様がおっしゃっています」

おどろいて調所がそのわけを聞くと、使いは、

「商人たちの、土産がケチだ、もう少しましなものを持ってきたら会ってやる、とおっしゃっておられます」

と言った。調所は呆れたが、苦笑した。御隠居様らしいと思った。それほど重豪は呑気だった。調所は、すぐ高輪の屋敷に行った。そして、重豪に面会を申込み、会ってこういうことを言った。

「危急存亡の折でございますから、商人たちも、急いだため土産を忘れました。しかし、私どもが申し込んだ金は、充分に持ってきてくれております」

これを聞くと、重豪は満足そうに笑った。そして、

「そうか、そうか。金を持ってきてくれたか。それでは、明日会おう」

文字通り現金な御隠居様であった。翌日、重豪は気持ちよく商人たちに会った。そして、調所

がふきこんだ藩財政の現状と、改革計画を話し、また、自分が直々にこの改革を命じ、ましてやそれを文書にして朱印まで与えたいきさつも話した。つまり、調所のやっていることは、全部、自分が承知していると言ったのだ。こんなことも言った。

「普通、金がなくなって困っている状況を、世間では路頭に立つと言っているが、今、わしは路頭に立っているところではない、路頭に寝ているようなものだ」

この冗談に商人たちは笑った。そして、重豪がそこまで認識しているのか、ということを改めて知った。さらに、商人たちは人を見る目が鋭いから、重豪と調所の間に通い合う信頼を見抜いた。

（この主従は、本当に信じ合っているんだな。腹を割った話をしている）

と感じた。そして、このことが彼らにとって何よりの保証になった。

そこで、浜村がこう言った。

「こういうことを申し上げると何でございますが、今まで島津様の御用立てには我々は大変、苦労いたしました。と申しますのは、まず甲という御家老がおいでになって、島津家のために金を貸してほしい、とおっしゃいます。御用立を致しますと、今度は乙という家老がお見えになって、また島津家のために金を貸してほしいとおっしゃいます。そこで、さっき甲様に御用立いたしましたと申し上げますと、乙様は、それは甲が勝手にやったことで俺の知ったことではない。俺は、主人から言いつかって、金を借りに来たのだ、とこう申されます。仕方がないので、御用立て致しますと、今度は丙様がお見えになります。そして、甲様や乙様のやったことは、自分とは関係のないことで、自分が本当の主人の使者である、とこう申されます。こういうことで、御用立てする金が次々と増え、遂に莫大な額にのぼってしまいました。しかし、今、私が申し上げているのは、そういう過去の不平不満のことではございません。今までのようなことがないようにするために、できれば、御信任の厚い調所様を、いつまでも御家老の職においていただけませんか？調所様はお人柄もよく、私どもも本当に信頼申し上げております。ここで調所様がずっと家老を務めていただけるという保証があれば、私どもも安心してご協力ができます」

これを聞いて重豪は首を振った。そして、こう言った。

「いや、そんなことはできない。たとえ調所と言えども、何か間違いをすれば俺は遠慮なく首を切る。したがって、お前たちの言う通りにはできないが、今まで悪かったのは、薩摩藩の重役人事を、まったくお前たちに知らせずに行ったことだ。これからは、取り替えるときは、事前によく連絡するよ」

重役人事を事前にメインバンクに知らせるということだ。こんなことが現在、行われているか、いないのか知らないが、重豪の対応はおもしろい。これには商人たちもくすくす笑い出した。そ

して、

「御隠居様には、どうにも敵いませんな」

と口々に言った。が、こういうユーモア戦術が成功した。やはり、金を借りるのも気分である。

こちこちに固まって、形式的な計画を滔滔《とうとう》と述べ、

「さあ、貸してください」

では、金融機関も考えてしまう。やはり、そこは人間対人間だ。こういうちょっとしたスパイスがきくと、ためらいを払拭し、

「じゃ、貸すか」

という気になるのだ。重豪も偉かったが、そう話をもっていった調所の作戦の成功である。

「刀をソロバンに持ちかえた鬼」調所の教え

事業直営と既得権の廃止

調所笑左衛門の改革は、

「刀をソロバンにもちかえた鬼だ」

と言われるほど凄まじかった。

調所は、佐藤信淵の書いたテキストに忠実にしたがって改革を実行していった。つまり、

・五百万両にのぼる借金の踏み倒し
・徹底した勤倹節約の実行
・藩内の産物に付加価値を加える特産品の開発
・藩政府の経費合理化や、藩士たちの意識変革

などである。やることは別に今とそれほど変わらない。が、刀をソロバンにもちかえたと言われるだけあって、彼の改革実行は、ちょっと他に例がなかった。

改革を推進するには、借金の踏み倒しだけではすまない。やはり運転資金がいる。借金を踏み倒して、しかも運転資金を借りようというのだから図々しい。しかし、その意気に感じて、新しいメインバンクが出現したことは、前に書いた通りだ。

借金の踏み倒しは、今で言えば、経済市場をかなり混乱させることになるから騒ぎになった。特に大坂では、商人が町奉行所に訴え出た。しかし、この裁判は調所に同調していた出雲屋という商人が、ひとりで責任をひっかぶった。出雲屋は大坂から追放されるという罰を受けた。薩摩藩にはまったく咎《とが》めはなかった。というのは、重豪が現将軍の岳父であり、また、調所は佐藤の

助言にしたがって、幕府要路に十万両の献金をしていたからである。賄賂を送っていた。これが効いた。重豪と斉興が命じた、

「借金の証文を取り戻すこと」

は、事実上成功した。

そこで、調所は国産品の開発に乗り出した。

煙草・しいたけ・牛馬の皮・海草・鰹節・鯨・イオウ・ミョウバン・石炭・塩・木綿織物・綿織物・さつま焼・肥料などあらゆる面にわたって、産物の地産に努力した。このために先進地域から優れた技術者を高い報酬を出して招へいした。

「今は金がかかるが、先行投資である。必ず後で、もとが取れる」

という考え方であった。彼はたびたび大坂とか江戸に出ていったが、旅の途中でも決してぼやしていなかった。神経を緊張させて、あらゆる物事に目を注いだ。たとえば、姫路を通過するときに、今まできちんと整備されていた道路の一部が傷んでいたことがあった。これを見ると、彼は姫路の人に、

「御家老の河合様が亡くなりましたな？」

と言った。姫路の人はびっくりして、

「河合様が亡くなられたのは、つい最近のことです。鹿児島の貴方がどうしてそのことを御存知なのですか？」

と聞き返した。すると調所は、

「この道路がそのことを示しているのです。河合様が御存命なら、傷んだ道路は早速、修復されていたでしょう」

こういうように、緊張した目と耳であらゆる事物をとらえたから、国産品の開発には、どんどん、他国の技術や品種を仕入れた。土木や建築方面にも、投資をした。

「行政改革というのは、ただ帳簿のつじつまを合わせるだけが能ではない。民に富をもたらすような仕事は思い切って進めるべきだ。特に基盤整備（インフラ）は、金がかかっても民が豊かになる大事な土台である」

こう言って、建築物、社や堂、道路、橋、河川整備などには、惜し気もなく金を投じた。しかも、彼はこれらの建設手続きを思い切って簡略化し、材木その他の資材は、なるべく山から直接購入するようにした。間でとられるマージンを全部省略してしまったのである。だから、関係者からは怨まれた。

彼のやった天保の改革で、今残っているハードなものを挙げれば、西田橋、新上橋《しんかん》、玉江橋、高麗橋、武之橋の甲突《こうつき》川に架けられた有名な五つの石橋や、鹿児島港の三五郎波止場、祇園《ぎおん》川の築地や天保山台場などがすぐ思い浮かぶ。しかし、その他にも、出水《いずみ》、国分《こくぶ》の新田開発、川内川《せんだいがわ》上流と甲突川の河川整備、さらに鹿児島や宮崎県南部の産業基盤の整備をほとんどこの時代に仕上げている。

彼の改革は藩内にとどまるものではなかった。藩外の薩摩藩に関わりを持つ地域には、次々と投資をして、藩が逆に富むような策をとった。たとえば、東海道の金谷、島田の宿場とか、あるいは伏見の過書座などには資金を貸した。そして利子を安くした。その代わり、参勤交代や自分たちが所用で旅をするときの大井川の渡し賃をタダにしてもらうとか、反対給付をとったのである。上方では、淀川下りを優先的に扱ってもらうなどのパテントをとった。

薩摩藩は、物流で経済を支えているのだから海運が大事だ。が、この海運も、民間企業に頼むとなかなか金がかかる。そこで彼は直営方式をとった。船を自分でつくり、役人にこれを運営させて上方にどんどん国産品を運んだ。

薩摩藩には多くの公営牧場があった。また民間の飼育も盛んだった。しかし、これを司《つかさど》る役所の仕組みが複雑で、なかなか益金が上がらなかった。そこで、組織を改革して、利益が上がるようにした。もちろん、ここでも役人たちの反感をかった。

役人に対する改革は、この牧場の役所だけではなかった。藩には、家老以下の書役を七年勤続すると蔵役に任命するという、役得のある褒賞制度をとっていた。これは、藩士たちにとって大変な魅力であった。が、彼はこれを廃止した。というのは、その役得が株になって、投機の対象になり、売買されていたからである。

「褒賞の権利を売り買いするなど、とんでもない話だ」

と彼は思った。この廃止も藩士たちの反感をかった。

軍政も改革した。ヨーロッパ式に改めた。悪評をかった。ズボンや筒袖や帽子を被らされて、鉄砲をかつがされるようになったので、武士が慣れないためと、自分たちの格が下がると思って、大いに反対したからである。

が、彼はそんなことは頓着しなかった。しかし、軍政を、ヨーロッパ式に改めたために、軍学そのものが古いものから新しいものに変えられた。当然、廃止された古い軍学師範が不平に思う。また、その門人たちも怒った。砲術についても同じだった。これも古い荻野流を高島流に改めた。荻野流の砲術を教えていた先生と、その門人たちも怒った。こうして、彼は、武士と言わず、農民と言わず、町人と言わず、あらゆる階層にわたって、徹底的なひっくり返しを行った。彼の改革期間は二十余年の長きにわたっていた。それほど、重豪や斉宣の信頼が厚かった。

しかし、彼の最大の汚点はやはり何といっても、「黒糖地獄」と言われる、奄美大島、鬼界ケ島、徳之島での砂糖の専売の実施であろう。これは過酷だった。が、過酷なだけに藩財政にもたらした収益は多く、薩摩藩はほとんど、この黒糖によって立ち直ったと言ってもいい。

それだけ島の人々の血と汗が島の畑に染みた。砂糖きび一本盗んでも指を切られ、手を切られた。砂糖を盗みなめしても、たちまち殺される、というような過酷な収税方法は、島民の怨嗟《えんさ》の声をかった。

現在もそういう怨念が、島々に残っている。そのために、鹿児島では圧倒的に人気のある西郷隆盛でも、島や沖縄に行くと、これらの必ずしも誉めたたえる人ばかりではない。薩摩藩に対する怨念の中には、西郷隆盛でさえ含まれてしまうのだ。

「経営改革成功者」も視点を変えれば大悪人?!

この本では、調所笑左衛門の改革の詳細を書くことが目的ではなかったが、極限状況におかれた企業の立ち直りという点で調所の経営者としての苦労に、つい力が入った。しかし、本旨はむしろ、薩摩藩の改革のメカニズムを解き明かすことが目的だ。それは、

「会長と社長の争い」

の図式を示すことであり、また、それが逆にパワーを生んで、倒幕の大きなエネルギーに変わっていった、ということである。したがって、調所笑左衛門の功績を掘り起こし、彼の冤罪を濯《そそ》ぐのが目的ではない。調所にしても、大島の黒糖地獄に示されるような、過酷な政策があったことは事実である。いかに農民や町人に理解を示しても、結局は、

「経営改革が、藩政府の富を目的とする」

には、どうしても限界があった。民の立場に立って改革を推進するということは不可能であった。調所笑左衛門も結局は、武士階級だ。権力者であった。やはり民の富を収奪したと言われても仕方がない。

重豪はやがて死んだ。しかし、孫の斉興は当主として、その後も調所笑左衛門を全面的に信頼した。斉興は調所を信じていたし、また改革を支持していた。ところが、斉興の子島津斉彬は父の斉興を必ずしも支持していなかった。むしろ批判的であった。それは、斉彬のもとに集まったのが、旧近思録派の流れを汲むまじめな若者たちだったからである。たとえば、西郷隆盛や大久保利通などは、みんなこの仲間だ。

ということは、斉彬は自分の腹心群として、斉興の父、斉宣の家臣団の系譜を用いている。つ

まり、今の当主斉興が、調所笑左衛門を中心とする反近思録派だとするなら、その前代斉宣は近思録派を自分の側近群とした。その前代の重豪は、これまた反近思録派の調所たちを重用した。ややこしいので整理すると、次のようになる。

・重豪は、反近思録派の調所笑左衛門以下を重用した
・その子斉宣は、近思録派を重用した
・その子斉興(重豪の孫)は、調所たち反近思録派を重用した
・斉彬は、反調所派である近思録派の流れを重用した

ところが、斉彬が変わっていたのは、側近群を近思録派にしながら、政策は重豪の路線を踏襲したことだ。島津斉彬は幕末でも有数の開明派であった。そして、彼が薩摩藩で展開した政策は、重豪とまったく同じであった。つまり、鹿児島をヨーロッパ風の都市に変えてしまったのである。それも単なる住宅都市ではなくて工業都市に変えたのだ。

彼がつくった反射炉、銅、鉄の鋳造、大小の銃砲製造、砲丸や弾丸の製造、火薬などの製造、陶磁器の製造、紙の作製、油づくり、刀剣の製作、アルコールの製作、メッキ、硫酸・塩酸などの薬品の製造、農具の製造などに、常時、一日千二百人以上の職工を使って、工場で働かせていたという。

地域での雇用の創出だ。彼の事業は、彼の突然の死によって中断してしまうが、その意図は明らかに重豪の路線を継いでいる。したがって、薩摩藩では斉彬は必ずしも歓迎される藩主ではなかった。

「この人が殿様になったら、せっかく整備した財政がまた乱れ、重豪様のときと同じように藩は莫大な借金を抱えることになるだろう」

と思った。そして、そう思った最大の人物は他ならぬ調所笑左衛門である。したがって、調所は斉彬が殿様になることに反対だった。

むしろ斉興の側妾、お由羅が生んだ久光の方が好きだった。聞きわけが良く、まじめな性格なので、斉彬様よりよっぽどましだと思っていた、つまり、幕末の名君と言われた島津斉彬は、藩政府の人間たちにとっては、

「再び薩摩藩を財政危機に陥《おとしい》れる危険な若様」

として警戒されていた。この結果、起こったのが有名な「お由羅騒動」である。

講談などでは、斉彬と久光の相続人争いとして仕立て上げているが、実態はそんな簡単なものではない。調所たちが、重豪の強引な命にしたがい、それこそ二十数年かかってやっと成し遂げた藩財政の再建を、再び壊されるという危惧から、この相続人争いに発展したのである。

これは、前に徳川幕府で、次の将軍を誰にするか、ということで、安政の大獄を招いた争いとまったく同じである。

「当事者能力のあるトップは誰か？」

という争いであって、何も一橋家と紀井家との宗家の相続争いではない。

それが、単なるお家争いとして後世に伝えられるのは、やはり、藩の武士たちの考え方が、

「そういうふうに見られたくない」

からだろう。そのため調所笑左衛門は、稀代の大悪人に仕立て上げられた。島津斉彬の下に馳せ参じた西郷隆盛以下が、口を極めて罵言を叩きつけたのは、この調所笑左衛門に対してである。

西郷は若い頃、今の税務署の下級役人として、あまりにも苦しんでいる民衆の姿をまざまざと見た。しかも、役人は腐敗堕落し、苦しんでいる農民からさらに賄賂を絞りとった。そして、賄賂が少ないと重い税を課けた。そのとき、彼はこういう詩を書いて自分の机の前に張りつけた。

虫よ虫よ　五ふし草の根をたやすな

ただば　おのれもかれなん

虫というのは役人のことだ。五ふし草というのは、稲のことである。役人が寄ってたかって稲の根を枯らせば（重税と賄賂で）、そこに寄生している自分だって死んでしまうではないか、元も子

もなくなるぞ、あんまり農民をいじめるな、という意味である。

この西郷の感覚は正しい。彼は終生農民の味方として終始した。それが、士族のためにああいう反乱を起したのは残念である。

最後まで農民のよき友人であってほしかった。西郷は「言志録」派である。自分でそのダイジェストをつくっていた。

それはともかく、若い日の西郷隆盛が感じた農民の疲弊振りは、やはり調所笑左衛門の展開していた改革に大きな原因があったことは否めない。しかし、ここで考えなければならないことがある。

それは、島津斉彬の意志を継いで、斉彬が目指した共和政府の確立よりも、もっと積極的に徳川幕府を倒し、薩摩藩と長州藩がとって代わった新政府の樹立の資金は、調所笑左衛門たちが苦労して貯めこんだ金によったということである。

つまり、調所たちが奄美大島その他の黒糖を育てる農民たちから、汗よりもむしろ血を絞るような形で絞りあげた莫大な益金が、倒幕の資金になったということだ。

長州藩については、梅田雲浜が提唱した、

「第三セクターの乗っ取り」

によって、資金が蓄えられたと書いた。が、梅田雲浜の策をとり、第三セクターを設立し、事業を推進した坪井九右衛門という家老は、

「俗論党の首魁」

と言われ、

「反動政治家」

と言われた。

しかし、正義派と称する桂小五郎以下のいわゆる倒幕の志士たちが、湯水のように使った贅沢な資金は、すべて坪井たちがつくった第三セクターの生み出したものであった。若き日の木戸、即ち桂小五郎や、高杉晋作、久坂玄瑞たちが、京都の紅灯の巷を肩で風を切って歩き、幾松はじめ、多くの美女に取り囲まれていたその資金は、すべて長州本土で農民たちが、これもまた血と汗から生み出したものである。

その意味では、徳川幕府を倒した二大勢力、つまり長州藩と薩摩藩の倒幕の資金は、こういう形で生み出され、生み出した側はすべて悪く言われ、そしてそれを利用した方が生き残って政府をつくった。生み出した側は、何ら報われるところがなかった。

無視できない怒りの怨念パワー

このことは、現代の企業経営にも、しばしば起こる現象ではないだろうか。単に政治の面からだけ見れば、「ああそうか」と簡単にすんでしまういきさつも、実は経済や経営というどろどろした面から見れば、はるかに人間の苦労がそこに浸み込み、今日の私たちに多くの教訓を与えてくれる。

島津重豪による調所笑左衛門の重用は、強い人間的信頼に結びついていた。調所が二十数年にもわたって、非難轟々たる中でその改革を実施し得たのも、生前、死後を通じて重豪の支持が、彼の背後にあると思えばこそ、彼はあくまでも自分の考えを貫き通し得たのである。そういう彼には誰も手出しはできなかった。しかし、島津斉彬は、

「日本に共和政府を樹立するためには、自分が薩摩藩主にならなければならない。そのためには、調所笑左衛門一派を粛清しなければならない」

と考えた。斉彬の、この頃の行動には、多分に謀略的なところがあり、自らことを構えて調所を陥れるようなことも、しばしばしている。また、そういうことも書いている。しかし、その彼もさすがに、

「今日、自分がこれだけの開明政策がとれるのも、結局は調所たちが行った天保の改革によるところが多い」

ということは率直に認めている。また、調所笑左衛門の人間についても、

「他の人間は、とるべきところがない悪人だが、調所だけはやはり一種の器量人である」

ということも認めている。

維新のような大事業が、わずかな人間で成し遂げられることはありえない。これは大化改新にせよ、建武新政にせよ、それを推進した人間はもちろんだが、それ以上に、その時代の空気を形成した多くの人々のニーズがものを言った、ということは何度も書いてきた。明治維新も同じである。明治維新が成功したということは、当時の日本に、

「そういう経営を期待する人々」

が、たくさんいたからだ。だからこそ、その後、明治新政府に対し、

「新政府は、我々の期待を裏切った」

と抗議をし、糾弾する層を輩出した。それは、あるいは自由民権運動となり、あるいは反乱となった。

西郷隆盛の士族の反乱も、その一つである。しかし、この士族の反乱は、言うならば経営権を

士族階級にとどめたいということに他ならないのであって、民衆への下降という歴史の流れをとどめることになる。その意味では、川の流れに逆行する行為であったと言わざるを得ない。

後に、倒幕の軍に急いで加わる土佐藩は、終始日本に共和制による公武合体策をとっていた。つまり、日本に共和政府をつくろうという案を進めていた。それが無理だとわかったとき、長州藩と薩摩藩に伍して、来たるべき新政のイニシアティブをとる群れに参画しようと焦った。が、そういう土佐藩の気持ちとは別に、独立して経営改革を成し遂げた長州藩と薩摩藩をしっかりと結びつけたのは、実に土佐藩の坂本龍馬であった。

しかし、土佐藩といっても坂本龍馬には、土佐藩士というような考えはまったくない。彼は、

「俺は日本人だ」

と豪語していたから、国民意識はあっても藩民意識はなかった。この考え方は、たとえば後に、吉田茂などにも見られる。吉田茂は総理大臣になったときに、高知県民が東京に陳情に来て、

「あなたも少し高知のために何かしたらどうだ？」

と言われたときに、彼はこう答えた。

「俺は高知県の総理大臣ではない。日本の総理大臣だ」

この見識のルーツは、坂本龍馬にある。坂本龍馬は、日本人として海外雄飛をめざしながら、

まず長州藩と薩摩藩を結びつけた。ここにも彼の商人的発想がある。というのは、貧乏な藩同士を結びつけても、国をひっくり返すパワーにはならないからだ。だからこそ、彼は犬と猿のような関係にあった薩長の間に、大きな橋を架けたのだ。

坂本龍馬の長崎亀山社中、後に海援隊に発展するこの組織は、株式会社のはじめである、と言ったのは、坂本藤良氏である。随分前にそういう論文を書いておられる。そして、この会社の発想をさらに拡大して、土佐藩の富を計り、さらにそれから独立して、経済活動を展開したのが三菱の岩崎弥太郎であった。

若き日の岩崎は、藩の重役後藤象二郎と一緒に、長崎に赴いて土佐商会で働いた。この頃の後藤は豪放で、それこそ湯水のように遊興費を使った。借金は莫大なものになった。岩崎はこの借金を返すことを条件に、土佐商会をそっくりいただいてしまった。幕末のいろいろな藩も、大きいところ、小さいところ、それぞれに、

「自己企業の経営努力」

に腐心していたと言っていい。そしてその成功者が、徳川日本株式会社を倒したのである。そして新しい会社を設立した。

差別という藩の不満が改革パワーへ

もう一つ、見落してならないことがある。それは、倒幕の主勢力になった薩摩藩と長州藩には、前にも書いたようにそれぞれ藩内差別が存在していたということである。言うならば、差別の激しかった藩ほど、改革のパワーを生み、それが大きなエネルギーに止揚していったと言っていい。

つまり、藩内差別に対する怒りが、

「日本国内における差別への怒り」

に変わっていったのだ。藩内におけるせめぎ合いが、やがて目標を藩の外に目を向けさせ、それが日本全体の仕組みに問題がある、という認識を持たせた。

が、倒幕勢力が解放したのは、主として下士階級であって、広く民衆にはおよばなかった。特に王政復古という別名がある通り、明治維新もまた下降した経営権を、川の上流に押し戻そうとする変革であった。そのために、結局は百年足らずしかもたず、一九四五年以後、完全に主権在民と言われるような社会を現出したのである。

おわりに

日本の歴史の中には、まだまだ、こういう視座から見れば、経営に役立つ興味ある分析や検証のできる事件は多い。しかし、それらのすべてに触れることはできない。そこで、この本では、日本の歴史の中で代表的な政治事件と言われる大化改新・建武新政・明治維新の三つを取り上げて、そんな角度からいろいろと試論を展開してみた。

随分とこじつけの面があるかもしれない。しかし、言いたかったことは、

「いつの時代になっても、人間のやることは同じだ」

ということと、それだけに、

「昔の人間のやったことを、過去のこととして挨の中にまみれさせることはもったいない。まだまだ学ぶべき点がたくさんある」

ということの発見である。もちろん、「学ぶ」ということは、前向きに学ぶこともあれば、逆に、「まねをしてはならない反面教師」の面があることも事実である。私たちが経験している、いろいろなことも、やがては歴史の一ページに組み込まれていく。そういう意味では、言い古された

言葉だが、

「温故知新」

という言葉は生きている。永遠に生きている。

つまり、歴史を大事にするということは、現在、生きている私たち自身を大事にするということに他ならない。気ばかり急ぐ、かなり荒っぽい書き方で、決して充分に意を尽くしたという本にはならなかったことをお詫びする。

しかし、こんなアングルから歴史を見ると、案外おもしろいな、あるいは役に立つものだな、というようなことを、もし一滴でも汲みとっていただけたなら、こんなにうれしいことはない。

この本を書くのに、多くの先学の著書を参考にさせていただいた。特に「幕末の薩摩」（原口虎雄・中公新書）には、お世話になった。紙上を借りてお礼を申しあげる。

著者

本書は「盛者の群像」（生産性出版／1985年9月刊）
を大幅加筆修正したものです。

著者紹介

童門冬二（どうもん・ふゆじ）

　作家。1927年、東京生まれ。東京都庁にて広報室長・企画調整局長・政策室長などを歴任。美濃部亮吉都政のブレーンとして活躍。1960年『暗い川が手を叩く』で第43回芥川賞候補となる。

　1979年、美濃部知事の退任とともに都庁を去り、作家活動に専念。小説やノンフィクションの分野で執筆活動を続ける。1999年春、勲三等瑞宝章を受章。日本文藝家協会会員・日本推理作家協会会員。著書に代表作『小説上杉鷹山』（PHP研究所）をはじめ、『歴史に学ぶ成功の本質』（KKロングセラーズ）『井伊直虎』（成美堂出版）ほか多数。

歴史に学ぶ
変革期の経営行動学

2016年11月25日　第1版　第1刷

著　者　童門 冬二
発行者　髙松 克弘
発行所　生産性出版
〒150-8307　東京都渋谷区渋谷3-1-1
日本生産性本部
電　話　03(3409)1132(編集)
03(3409)1133(営業)

印刷･製本　サン印刷通信
カバー&本文デザイン　サン印刷通信
編集担当　村上直子 米田智子

ISBN 978-4-8201-2058-2